KB145168

실제 상황속  스임새 100개 단어

일상
생활

OK!

속 가장 많이 헷갈리는

중국어
유의어

상황 맥락별 ☆
유의어 비교로
차이점
명확히 이해하기!

쓸 때마다 **헷갈리는** 알쏭달쏭 중국어 **유의어?**

> 목이 말라서 <u>차가운 물</u>을 단숨에 들이켰어.

 # 冰的(水)
* 마실 수 있는 차가운 물을 의미해요.

VS

 # 冷水
* 샤워하거나 손 씻을 수 있는 차가운 물을 의미해요.

뜻이나 생김새가 비슷한 단어들.
각 상황마다 어떤 단어를 선택해야 할지 헷갈리셨죠?
비슷한 표현 같지만 명확한 차이가 있어요!

일상생활 속 상황 맥락을 통해
누구나 쉽고 명쾌하게 익힐 수 있습니다!

실생활에서 가장 많이 실수하고 헷갈리는
같은 뜻(생김새) 다른 쓰임새 100개 단어!

나 오늘 약속 있어.	约会 vs 有约
뜨거우니까 조심해.	烫 vs 热
내가 걔를 (잘) 알아.	懂 vs 知道
2시에 겨우 잤어.	二 vs 两
몇 번째야?	多少 vs 几
점심시간	小时 vs 时间
좀 비싸네요.	一点儿 vs 有点儿
나는 안 가.	没 vs 不
내가 전화를 세 번이나 했어.	次 vs 遍
저렴할 때 사.	时 vs 时候
방금 마신 거야.	刚才 vs 刚刚
중국 문화를 더 알아봐요.	了解 vs 理解
걱정 마.	安心 vs 放心
나 진짜로 술을 못 마셔.	实在 vs 确实

이 책의 구성

각 CASE(상황 맥락)별 유의어 비교를 통해 차이점을 명확히 익힐 수 있어요.

01   冰水 VS 冷水

대표 문장을 보고 어떤 표현이 맞는 문장이고, 틀린 문장인지 확인해 보세요.

시원한 물 주세요.

我要冰水。 O

我要冷水。 ✕

중국 친구와 한국 친구의 대화를 통해 우리가 평소 중국어로 말할 때 어느 부분에서 실수하고 있는지 확인해 볼 수 있어요.

와, 오늘 40도가 넘는다고 하더니 진짜 너무 덥다!
난 아메리카노 한 잔 마셔야겠어. 너는 뭐 마실래?

난 그냥 시원한 물(冷水) 한 잔 벌컥벌컥 마시고 싶어.

대화문의 '회색' 부분은 상황에 맞지 않게 사용한 표현이에요.
'빨간색' 부분과 '파란색' 부분은 각 어휘가 어떤 상황에 쓰이는지 설명해 주고 있어요.

내가 중국어 팁 하나를 주자면, 마실 수 있는 시원한 물은
冰水라고 해. 冷水는 보통 샤워하거나 손 씻을 때 써.

아, 그런 차이가 있구나. 내가 한번 주문해 볼게!
사장님, 아메리카노 한 잔이랑 시원한 물(冰水) 한 잔 주세요!

16

◀)) 001 □□□

각 어휘에 해당하는 실생활 표현을 원어민 발음으로 세 번씩 듣고 따라 말하면서 체크 박스에 표시해 보세요.

冰水 bīng shuǐ 【명사】 시원한(차가운) 물

○ '시원한 물'을 북방 지역에서는 주로 冰的水라고 표현하지만, 남방 지역에서는 冰水라고 표현하기도 해요.

请给我一杯冰水。
Qǐng gěi wǒ yì bēi bīng shuǐ.
차가운 물 한 잔 주세요.

天气太热了，我想喝冰水。
Tiānqì tài rè le, wǒ xiǎng hē bīng shuǐ.
날씨가 너무 덥네. (나는) 시원한 물을 마시고 싶어.

冷水 lěngshuǐ 【명사】 냉수, 차가운 물

○ 세수. 샤워할 때 쓰는 차가운 물이며, 마실 수 없는 물을 의미해요.

각 단어가 언제 어디에서 어떻게 쓰이는지 학습해요.

冬天也用冷水洗澡啊!
Dōngtiān yě yòng lěngshuǐ xǐzǎo a!
겨울에도 차가운 물로 샤워한다니!

원어민이 실생활에서 자주 쓰는 알짜배기 표현을 내 것으로 만들고 머릿속에 각인시켜요.

冬天的时候不想用冷水洗脸。
Dōngtiān de shíhou bù xiǎng yòng lěngshuǐ xǐliǎn.
겨울에 차가운 물로 세수하고 싶지 않아.

给 gěi ~에게 ~를 주다 想 xiǎng ~하고 싶다 洗澡 xǐzǎo 샤워하다 的时候 de shíhou ~할 때 洗脸 xǐliǎn 세수하다

실생활 표현에 쓰인 어휘도 함께 익히도록 해요.

100가지의 실제 상황 맥락에 적용해 보고
'대화문'으로 익히기!

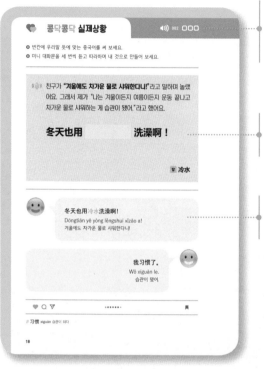

각 대화문을 원어민 발음으로 세 번씩 듣고 따라 말하면서 체크 박스에 표시해요.

학습한 내용을 실제 상황 맥락에 적용시켜 스스로 문장을 완성해 보세요.

원어민이 쓰는 현실 표현을 실제 대화하듯이 연습해 보아요.

200개의
헷갈리는 유의어 표현
한눈에 훑어보기!

교재에서 배운 실생활 예문 200개를 한눈에 훑어볼 수 있도록 총정리해서 부록으로 제공해요. 잊은 내용이 있을 경우 해당 페이지로 가서 다시 한번 복습해 보세요.

이 책의 목차

1개의 CASE씩 50일 완성으로
총 100가지 상황 속 유의어를 학습해 보세요!

MY STUDY PLAN

 하루에 한 **CASE(두 개의 유의어 비교)**씩 50일 학습!

 학습한 날짜를 쓴 후 자신만의 학습 단계를 체크해 보세요.

	CASE 01	CASE 02	CASE 03	CASE 04	CASE 05
1주차	/	/	/	/	/

	CASE 06	CASE 07	CASE 08	CASE 09	CASE 10
2주차	/	/	/	/	/

	CASE 11	CASE 12	CASE 13	CASE 14	CASE 15
3주차	/	/	/	/	/

	CASE 16	CASE 17	CASE 18	CASE 19	CASE 20
4주차	/	/	/	/	/

	CASE 21	CASE 22	CASE 23	CASE 24	CASE 25
5주차	/	/	/	/	/

학습 단계 체크 (예시)	CASE 01	CASE 02	나의 다짐 문구		
	1월 / 2일	1월 / 3일			
	학습완료 ○	보충 필요 △			

	CASE 26	CASE 27	CASE 28	CASE 29	CASE 30
6주차	/	/	/	/	/

	CASE 31	CASE 32	CASE 33	CASE 34	CASE 35
7주차	/	/	/	/	/

	CASE 36	CASE 37	CASE 38	CASE 39	CASE 40
8주차	/	/	/	/	/

	CASE 41	CASE 42	CASE 43	CASE 44	CASE 45
9주차	/	/	/	/	/

	CASE 46	CASE 47	CASE 48	CASE 49	CASE 50
10주차	/	/	/	/	/

CASE
01~05

CASE 01 시원한 물 주세요.

冰水 **VS** 冷水

CASE 02 나 오늘 약속 있어.

有约 **VS** 约会

CASE 03 연세가 어떻게 되세요?

多大年纪? **VS** 多大?

CASE 04 뜨거우니까 조심해.

烫 **VS** 热

CASE 05 내가 걔를 (잘) 알아.

懂 **VS** 知道

♥ **10,540**

#헷갈리는 유의어 맥락 속 답 찾기 #뜻이 같아서 헷갈리는 중국어
#비슷하게 생겨서 헷갈리는 중국어 #잘할 수 있어 #이젠 문제 없어

시원한 물 주세요.

我要冰水。 ○
我要冷水。 ✗

와, 오늘 40도가 넘는다고 하더니 진짜 너무 덥다!
난 아메리카노 한 잔 마셔야겠어. 너는 뭐 마실래?

난 그냥 시원한 물(冷水) 한 잔 벌컥벌컥 마시고 싶어.

내가 중국어 팁 하나를 주자면, 마실 수 있는 시원한 물은
冰水라고 해. 冷水는 보통 샤워하거나 손 씻을 때 써.

아, 그런 차이가 있구나. 내가 한번 주문해 볼게!
사장님, 아메리카노 한 잔이랑 시원한 물(冰水) 한 잔 주세요!

冰水 bīng shuǐ [명사] 시원한(차가운) 물

○ '시원한 물'을 북방 지역에서는 주로 冰的水라고 표현하지만. 남방 지역에서는 冰水라고 표현하기도 해요.

请给我一杯冰水。
Qǐng gěi wǒ yì bēi bīng shuǐ.
차가운 물 한 잔 주세요.

天气太热了，我想喝冰水。
Tiānqì tài rè le, wǒ xiǎng hē bīng shuǐ.
날씨가 너무 덥네. (나는) 시원한 물을 마시고 싶어.

冷水 lěngshǐ [명사] 냉수, 차가운 물

○ 세수. 샤워할 때 쓰는 차가운 물이며. 마실 수 없는 물을 의미해요.

冬天也用冷水洗澡啊！
Dōngtiān yě yòng lěngshuǐ xǐzǎo a!
겨울에도 차가운 물로 샤워한다니!

冬天的时候不想用冷水洗脸。
Dōngtiān de shíhou bù xiǎng yòng lěngshuǐ xǐliǎn.
겨울에 차가운 물로 세수하고 싶지 않아.

给 gěi ~에게 ~를 주다 想 xiǎng ~하고 싶다 洗澡 xǐzǎo 샤워하다 的时候 de shíhou ~할 때 洗脸 xǐliǎn
세수하다

○ 빈칸에 우리말 뜻에 맞는 중국어를 써 보세요.
○ 미니 대화문을 세 번씩 듣고 따라하며 내 것으로 만들어 보세요.

((🔔)) 친구가 **"겨울에도 차가운 물로 샤워한다니!"**라고 말하며 놀랬어요. 그래서 제가 "나는 겨울이든지 여름이든지 운동 끝나고 차가운 물로 샤워하는 게 습관이 됐어."라고 했어요.

冬天也用 　　　　 洗澡啊！

답 冷水

冬天也用冷水洗澡啊！
Dōngtiān yě yòng lěngshuǐ xǐzǎo a!
겨울에도 차가운 물로 샤워한다니!

我习惯了。
Wǒ xíguàn le.
습관이 됐어.

♥ ◯ ▽　　　　•••••••　　　　🔖

习惯 xíguàn 습관이 되다

중국 식당에서는 여름에도 끓인 물을 마시는 사람들이 많아요. 하지만 오늘만큼은 차가운 물을 마시고 싶어서 외쳤어요. "사장님! **차가운 물 한 잔 주세요.**"

请给我一杯 ⬜⬜⬜。

 冰水

老板，请给我一杯冰水。

Lǎobǎn, qǐng gěi wǒ yì bēi bīng shuǐ.

사장님. 차가운 물 한 잔 주세요.

不好意思，我们这儿没有。

Bùhǎoyìsi, wǒmen zhèr méiyǒu.

죄송합니다. (저희 가게는) 차가운 물이 없어요.

老板 lǎobǎn 사장님

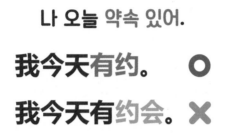

나 오늘 약속 있어.

我今天有约。 〇

我今天有约会。 ✕

나 오늘 약속 있으니까(约会) 기다리지 말고 먼저 가. 알겠지?

뭐라고? 데이트(约会)? 하룻밤 사이에 여자 친구가 생긴 거야?

아니야. 남자야 남자! 한국에서 친구가 놀러왔어.

　아 뭐야. 나는 또 여자 친구 생긴 줄 알았네. 친구 사이의 약속은 有约를 써야 하고, 约会는 보통 남녀 사이의 만남일 때 써. 오해 받을 수 있으니 잘 구분해서 쓰는 게 필요해.

有约 yǒu yuē **[동사]** 약속이 있다

○ 직장 동료. 친구 사이의 만남을 의미해요.

你周五有约吗?
Nǐ zhōuwǔ yǒu yuē ma?
너(는) 금요일에 약속 있어?

我跟大学同学有约。
Wǒ gēn dàxué tóngxué yǒu yuē.
나(는) 대학교 동창이랑 약속 있어.

约会 yuēhuì **[동사, 명사]** 데이트(하다)

○ 일반적으로 연인 관계. 남자 친구와 여자 친구 사이의 만남을 의미
해요.

今天恐怕不行，我有约会。
Jīntiān kǒngpà bùxíng, wǒ yǒu yuēhuì.
오늘은 안 될 것 같아. 난 데이트해야 되거든.

我今天跟女朋友约会。
Wǒ jīntiān gēn nǚpéngyou yuēhuì.
난 오늘 여자 친구랑 데이트해.

周五 zhōuwǔ 금요일 跟 gēn ～와 恐怕 kǒngpà 아마 ～일 것이다 不行 bùxíng 안 돼요 女朋友 nǚpéngyou 여자 친구

콩닥콩닥 **실제상황**

 🔊)) 004 ⬜⬜⬜

○ 빈칸에 우리말 뜻에 맞는 중국어를 써 보세요.

○ 미니 대화문을 세 번씩 듣고 따라하며 내 것으로 만들어 보세요.

(()) 친한 친구가 **"너 금요일에 약속 있어?"**라고 물어봤어요. 그래서 제가 **"응, 대학교 동창이랑 약속 있어."**라고 대답했어요.

你周五 　　　　　 吗？

답 **有约**

你周五有约吗?

Nǐ zhōuwǔ yǒu yuē ma?

너 금요일에 약속 있어?

我跟大学同学有约。

Wǒ gēn dàxué tóngxué yǒu yuē.

대학교 동창이랑 약속 있어.

♡ 〇 ▽　　　　•••••••　　　　🔖

남자 친구를 보러 가는 길에 여동생한테서 전화가 왔어요. 여동생이 심야 영화를 같이 보러 가자고 하네요. 여동생한테 **"오늘은 안 될 것 같아, (나) 데이트해야 되거든."**이라고 했더니 아쉬워했어요.

今天恐怕不行，我有　　　　　。

답 **约会**

晚上一起看电影吧。
Wǎnshang yìqǐ kàn diànyǐng ba.
저녁에 같이 영화 보자.

今天恐怕不行，我有约会。
Jīntiān kǒngpà bùxíng, wǒ yǒu yuēhuì.
오늘은 안 될 것 같아. 데이트해야 되거든.

연세가 어떻게 되세요?

您多大年纪? ⭕

您多大 ? ❌

 혹시 김 교수님 연세가 어떻게 되시는지(多大) 알아?

 잘 모르겠네. 그런데 중국에선 어르신들 나이를 여쭤볼 때 "您多大年纪(연세가 어떻게 되세요)?"라고 해. 안 그럼 예의 없다는 소리를 듣게 되니까 올바른 표현을 알아 두는 게 좋아!

 아. 그렇구나! 난 중국에는 존댓말이 없다고 들어서 나이 구분 없이 쓰는 줄 알았는데 아니었구나. 그럼 多大는 언제 쓸 수 있어?

 본인 또래인 사람들의 나이를 물어볼 때 쓸 수 있어. 중국에선 연령대에 따라 나이를 물어보는 표현이 각각 다르니까 헷갈리지 않게 잘 기억해 둬!

多大年纪? duō dà niánjì? 연세가 어떻게 되세요?

- 본인보다 연장자인 분에게 나이를 여쭤볼 때 사용해요. 동일한 표현으로는 '您多大岁数? Nín duō dà suìshù? (연세가 어떻게 되세요?)'가 있어요.

您多大年纪?

Nín duōdà niánjì?

연세가 어떻게 되세요?

金老师多大年纪?

Jīn lǎoshī duōdà niánjì?

김 선생님 연세가 어떻게 되세요?

多大? duō dà? 몇 살이야?

- 10살 이상으로 보이는 상대방에게 또는 본인과 비슷한 또래에게 나이를 물어볼 때 사용해요. (*几岁? : 10살 미만 어린이에게 사용)

你今年多大?

Nǐ jīnnián duō dà?

너(는) 올해 몇 살이야?

你哥哥多大?

Nǐ gēge duō dà?

너희 오빠(형)는 몇 살이야?

多大 duō dà (연령이) 어느 정도 岁数 suìshù 나이, 연세 年纪 niánjì 연세 金 Jīn (이름의 성) 김씨 今年 jīnnián 올해

○ 빈칸에 우리말 뜻에 맞는 중국어를 써 보세요.
○ 미니 대화문을 세 번씩 듣고 따라하며 내 것으로 만들어 보세요.

((🔊)) 중국에서 알게 된 할머니 한 분이 계세요. 할머니께서 한국에
관심이 많으셔서 이 드라마 재밌다, 너도 봤느냐 하며 얘기를
하시는데 제가 뜬금없이 "할머니 진짜 젊어 보이시는데, 올해
연세가 어떻게 되세요?"라고 여쭤봤어요.

您　　　　　?

답 **多大年纪**

您多大年纪?
Nín duō dà niánji?
연세가 어떻게 되세요?

我七十岁。
Wǒ qīshí suì.
나는 일흔 살이란다.

 ❤ 〇 ◁ ‧‧‧‧‧‧ 🔖

岁 suì 세, 살(나이를 셀 때)

여행지에서 중국 친구를 사귀게 되었는데, 제 또래 같아 보이는 그 친구의 나이가 궁금해서 물어봤어요.
"너 올해 몇 살이야?"

你今年 ？

답 多大

 你今年多大?
Nǐ jīnnián duō dà?
너 올해 몇 살이야?

二十七(岁)。
Èrshí qī (suì).
27(살)이야.

뜨거우니까 **조심해.**

小心**烫**。 〇

小心**热**。 ✕

너 기침 너무 심하게 하는 것 같아. 자. 얼른 이거 마셔 봐.
뜨거우니까(热) 조심해!

고마워! 그런데 상대방한테 뜨거우니까 조심하라고 주의를 줄
땐 **热**가 아니라 **烫**이라고 해야 해.

그렇구나! 그럼 뜨거운 커피를 주문하고 싶을 때 '뜨거운'은
뭐라고 해야 하는데?

热的라고 하면 돼. 그럼 뜨거운 커피는 **热的咖啡**가 되겠지?

烫 tàng **[형용사]** 뜨겁다

○ 촉각과 연관이 있는 단어로 피부와 접촉 시 통증을 느끼거나 다른 사람들에게 뜨겁다고 주의를 줄 때 사용해요.

地面很烫。
Dìmiàn hěn tàng.
바닥이 뜨거워.

小心烫!
Xiǎoxīn tàng!
뜨거우니까 조심해!

热 rè **[형용사]** 뜨겁다, 덥다

○ 어떤 대상의 온도가 높음을 나타내요.

今天天气很热。
Jīntiān tiānqì hěn rè.
오늘 날씨가 더워.

不冷也不热。
Bù lěng yě bú rè.
춥지도 않고 덥지도 않네.

地面 dimiàn 바닥 小心 xiǎoxīn 조심하다. 주의하다 冷 lěng 춥다 也 yě 또한

○ 빈칸에 우리말 뜻에 맞는 중국어를 써 보세요.
○ 미니 대화문을 세 번씩 듣고 따라하며 내 것으로 만들어 보세요.

(🔊) 친구 생일을 축하하기 위해 제가 직접 미역국을 끓여 줬어요.
친구가 미역국을 식히지도 않고 바로 먹으려고 해서 **"뜨거우니까 조심해."**라고 말해 줬어요.

小心 　　　　。

답 烫

这个汤可以喝了吧?
Zhège tāng kěyǐ hē le ba?
이 국 마셔도 되지?

小心烫。
Xiǎoxīn tàng.
뜨거우니까 조심해.

♥ ○ ✈   • • • • • •   🔖

可以 kěyǐ ~해도 된다

30

저녁이면 바람도 선선하게 불고, 이제 여름도 다 지나간 것 같아요. 그래서 친구한테 **"오늘 춥지도 덥지도 않네.** 공원으로 산책 가자."고 했어요.

今天不冷也不 　　　　。

답 **热**

今天天气怎么样?
Jīntiān tiānqì zěnme yàng?
오늘 날씨 어때?

不冷也不。
Bù lěng yě bú rè.
춥지도 않고 덥지도 않네.

내가 걔를 (잘) 알아.

我很懂她。 〇

我很知道她。 ✕

 쟤는 왜 맨날 짜증을 낼까?

내가 걔를 잘 아는데(知道), 계획이 틀어지는 일이 생기면 좀 예민하게 반응을 하더라고.

 아. 그렇구나. 그런데 걔가 왜 그러는지 잘 안다고 말하고 싶을 때는 我很懂她라고 말할 수 있어.

아. 이럴 땐 知道를 쓸 수 없구나! 알려 줘서 고마워!

懂 dǒng 【동사】 알다, 이해하다

◉ '懂 + 사람'은 그 사람을 잘 안다(이해한다)는 의미이며, '懂 + 사물'은
그 분야를 잘 안다(능력이 뛰어나다)는 것을 의미해요.

妈妈很懂我。
Māma hěn dǒng wǒ.
엄마는 나를 잘 알아.

哥哥很懂电脑。
Gēge hěn dǒng diànnǎo.
형은 컴퓨터를 잘 다뤄.

知道 zhīdào 【동사】 알다, 이해하다

◉ 어떤 정보를 단순하게 알고 있는 경우에 사용할 수 있어요.

你知道这件事吗?
Nǐ zhīdào zhè jiàn shì ma?
(너는) 이 일에 대해 알고 있어?

你知道去地铁站怎么走?
Nǐ zhīdào qù dìtiězhàn zěnme zǒu?
(너는) 지하철역에 어떻게 가는지 알아?

电脑 diànnǎo 컴퓨터 地铁站 dìtiězhàn 지하철역 怎么 zěnme 어떻게

○ 빈칸에 우리말 뜻에 맞는 중국어를 써 보세요.
○ 미니 대화문을 세 번씩 듣고 따라하며 내 것으로 만들어 보세요.

(((📢))) 저는 게임을 하면서 스트레스를 해소하는데, 엄마는 제가 게임을 할 때마다 왜 그런지 잘 알고 계세요. 역시 **엄마는 저를 잘 알아요.**

妈妈很　　　　我。

답 懂

我妈妈很懂我，你呢?
Wǒ māma hěn dǒng wǒ, nǐ ne?
우리 엄마는 나를 잘 알아. 너는?

我妈妈一点儿都不懂我。
Wǒ māma yìdiǎnr dōu bù dǒng wǒ.
우리 엄마는 나를 전혀 몰라.

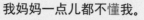

♥ ◯ ▽　　　•••••• •　　　🔖

一点儿都 yìdiǎnr dōu 전혀, 조금도

34

"지금 내 핸드폰 배터리가 없어서 그러는데 지도 어플 좀 봐 줄 수 있어? 아니면 내가 지금 지하철역으로 가야 하는데, **(넌) 지하철역에 어떻게 가는 줄 알아?**"

你 _____ 去地铁站怎么走？

답 **知道**

你知道去地铁站怎么走？
Nǐ zhīdào qù dìtiězhàn zěnme zǒu?
지하철역에 어떻게 가는지 알아？

稍等，我看一下。
Shāo děng, wǒ kàn yí xià.
잠깐만. 내가 한번 볼게.

CASE
06~10

헷갈리는 중국어 유의어

CASE 06 **2시에 겨우 잤어.**

两 VS 二

CASE 07 **이분이 제 아버지세요.**

位 VS 个

CASE 08 **몇 번째야?** (10번 이상인 경우)

多少 VS 几

CASE 09 **점심시간**

时间 VS 小时

CASE 10 **좀 비싸네요.**

有点儿 VS 一点儿

♥ **10,540**

#헷갈리는 유의어 맥락 속 답 찾기 #뜻이 같아서 헷갈리는 중국어
#비슷하게 생겨서 헷갈리는 중국어 #잘할 수 있어 #이젠 문제 없어

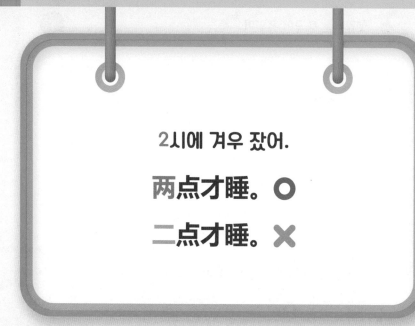

2시에 겨우 잤어.

两点才睡。 ⭕

二点才睡。 ❌

어제 몇 시에 잤어?

어제 새벽 2시(二点)에 겨우 잤어.

그래서 피곤해 보이는 거였군! 오늘도 어김없이 중국어 팁을 알려 주자면. 点 앞에 二은 못 쓴다는 사실! 그래서 2시는 两点이라고 말하고. 12시는 十二点이라고 말해.

2시랑 12시는 말할 때마다 헷갈리네. 잠을 못 자서 더 그런가?
나 잠깐 눈 좀 붙일게!

两 liǎng [수사] 숫자 2

○ 양사 앞에 쓰이며 천, 만, 억 단위 앞에서 사용해요.

这两条裤子怎么样?
Zhè liǎng tiáo kùzi zěnmeyàng?
이 바지 두 벌 어때?

这是两万元。
Zhè shì liǎng wàn yuán.
이건 2만 위안이에요.

二 èr [수사] 숫자 2

○ 방 번호, 버스 번호, 전화번호, 소수, 분수, 서수에 사용해요.
여러 단위의 수가 나오는 경우 맨 앞 자리의 수를 제외한 백, 천, 만 앞
에서는 모두 二을 사용해요.

我在二楼。
Wǒ zài èr lóu.
나 2층에 있어.

这不是两万二千元。
Zhè búshì liǎng wàn èr qiān yuán.
이건 22,000위안이 아니에요.

条 tiáo 벌 裤子 kùzi 바지 怎么样? zěnme yàng? 어때? 万 wàn 만 元 yuán 위안 楼 lóu 층 千 qiān 천

- 빈칸에 우리말 뜻에 맞는 중국어를 써 보세요.
- 미니 대화문을 세 번씩 듣고 따라하며 내 것으로 만들어 보세요.

중국 친구와 함께 백화점에서 쇼핑을 했어요. 약속 시간보다 늦게 도착한 저는 친구에게 전화를 걸어 몇 층에 있는지 물어봤어요. 친구는 **"2층이야."**라고 하면서 위치를 알려 줬어요.

______ 楼。

답 二

你在几楼?
Nǐ zài jǐ lóu?
너 몇 층에 있어?

我在二楼。
Wǒ zài èr lóu.
나 2층에 있어.

\# 在 zài ~에 있다 几 jǐ 몇

친구가 마음에 드는 바지가 있는데, 한번 봐 달라고 하더라고 요. 곧바로 저를 옷 가게로 데리고 가더니 **"이 바지 두 벌 어 때?"**라고 물어봤어요.

这 　　　　 条裤子怎么样？

답 两

这**两**条裤子怎么样?
Zhè liǎng tiáo kùzi zěnmeyàng?
이 바지 두 벌 어때?

 都很好看。
Dōu hěn hǎokàn.
다 예뻐.

都 dōu 다, 모두 **好看** hǎokàn 예쁘다

이분이 제 아버지세요.

这位是我爸爸。 ○

这个是我爸爸。 ✕

 우리 부모님이셔. "이분은(这个) 우리 아빠고, 이분은(这个) 우리 엄마야."

(인사를 드리고 난 후 친구에게)
이럴 땐 예의를 갖춰서 "这位是我爸爸。这位是我妈妈。(이분은 우리 아빠이시고, 이분은 우리 엄마이셔.)"이라고 높여서 말하는 게 좋아!

 와, 중국어에도 존중을 나타내는 표현들이 많구나.

맞아 맞아. 친구들끼리는 "这个是我同学。(애는 내 동창이야.)"처럼 소개해도 괜찮아.

位 wèi 【양사】 분, 명

● 주로 공식적인 자리에서 사용하며 존중하는 의미를 나타내요.

这位是你的男朋友吗?
Zhè wèi shì nǐ de nánpéngyou ma?
이분은 남자 친구예요?

她是一位警察，他是一位小说家。
Tā shì yí wèi jǐngchá, tā shì yí wèi xiǎoshuō jiā.
여자분은 경찰이고, 남자분은 소설가예요.

↑ ge 【양사】 명, 사람

● 가볍고 편안한 자리에서 사용하며 주로 친구들 사이에서 편하게 사용해요.

这个是我同学。
Zhège shì wǒ tóngxué.
얘는 내 동창이야.

这个女孩儿有点内向。
Zhège nǚháir yǒudiǎn nèixiàng.
이 여자아이는 좀 내향적이야.

男朋友 nánpéngyou 남자 친구 警察 jǐngchá 경찰 小说家 xiǎoshuō jiā 소설가 女孩儿 nǚháir 여자아이
内向 nèixiàng 내향적이다

○ 빈칸에 우리말 뜻에 맞는 중국어를 써 보세요.
○ 미니 대화문을 세 번씩 듣고 따라하며 내 것으로 만들어 보세요.

((🌑)) 친구한테 오늘 찍은 스티커 사진을 보여 주면서 누가 누군지
소개해 줬어요. "왼쪽에 있는 애는 우리 학교 후배야. 잘생겼
지! 그리고 **얘가 내 동창이야.**"

这 ⬜⬜⬜ 是我同学。

답 **个**

哪个是你同学?
Nǎge shì nǐ tóngxué?
누가 네 동창이야?

这个是我同学。
Zhège shì wǒ tóngxué.
얘가 내 동창이야.

♥ Q ▽   • • • • • •   🔖

哪个 nǎge 어느(것), 누구

친구가 같이 점심 먹자고 해서, 제가 아는 맛집으로 데려갔어요. 장난꾸러기 식당 사장님은 저희를 보자마자 **"이분은 남자 친구예요?"**라고 물으셨어요. 전 손사레를 치며 "이 친구는 제 남사친이에요."라고 말했어요.

这 　　　　　 是你的男朋友吗？

位

这位是你的男朋友吗?
Zhè wèi shì nǐ de nánpéngyou ma?
이분은 남자 친구예요?

哈哈哈，他是我的(男性)朋友。
Hāhāhā, tā shì wǒ de nánxìng péngyou.
하하하. 이 친구는 제 남사친이에요.

♥ ◯ ▽　　　• • • • • • •　　　🔖

男性朋友 nánxìng péngyou 남사친

몇 번째야? (10번 이상인 경우)

多少次 ？ ○

几次 ？ ✗

 주말에 소개팅 했다며? 어땠어? 근데 이번이 몇 번째야(多少次)?

 겨우 세 번 밖에 안 봤거든! 세 번이면 적은 거 아니야?

 소개팅을 왜 그렇게 많이 하냐는 뜻이 아니라. 그냥 몇 번 한 건지 궁금해서 물어본 거야. 별 뜻은 없었어!

 나는 네가 10번 이상의 횟수로 물어봐서 왜 그렇게 소개팅을 많이 하냐고 묻는 건지 알았지. 그럼 네가 이 부분이 헷갈렸나 보네! 几는 10 이내의 숫자에 쓰고, 반대로 多少는 10 이상의 숫자에 써.

多少 duōshao **[대명사]** 얼마, 몇

○ 일반적으로 10 이상의 숫자에 쓰이며 가격, 번호를 물을 때 자주 사용
해요. 多少 뒤에 오는 양사는 자주 생략해서 말해요.

※ 多少 + (양사) + 명사

你有多少(支)笔?
Nǐ yǒu duōshao (zhī) bǐ?
너 펜 몇 자루 있어?

你们班有多少(个)学生?
Nǐmen bān yǒu duōshao (ge) xuésheng?
너희 반에 학생이 몇 명 있어?

几 jǐ **[수사]** 얼마, 몇

○ 일반적으로 10 이내의 숫자에 쓰이며 몇 시 몇 분인지 시간을 물을 때
도 사용해요. 几 뒤에는 항상 양사를 써야 해요.

※ 几 + 양사 + 명사

现在几点?
Xiànzài jǐ diǎn?
지금 몇 시야?

你们班有几位老师?
Nǐmen bān yǒu jǐ wèi lǎoshī?
너희 반에는 선생님이 몇 분 계셔?

有 yǒu 있다 支 zhī 자루 笔 bǐ 펜 班 bān 반 学生 xuésheng 학생 点 diǎn 시 老师 lǎoshī 선생님

○ 빈칸에 우리말 뜻에 맞는 중국어를 써 보세요.
○ 미니 대화문을 세 번씩 듣고 따라하며 내 것으로 만들어 보세요.

((·)) 친구와 함께 중국으로 한 학기 동안 어학연수를 왔어요. 저는 초급반이고 친구는 중급반으로 배정받았어요. 저희 반에는 학생이 20명이 넘는데, 친구 반에는 몇 명이 있는지 궁금해서 **"너희 반에 학생이 몇 명 있어?"**라고 물어봤어요.

你们班有 _____ (个)学生？

답 多少

你们班有多少(个)学生？
Nǐmen bān yǒu duōshao (ge) xuésheng?
너희 반에 학생이 몇 명 있어?

我们班有15个。
Wǒmen bān yǒu shíwǔ ge.
우리 반에는 15명 있어.

♥ Q ▽   • • • • • • •   🔖

시험 볼 때 감독하시는 선생님이 여러 분 계셔서 더 긴장했어요. 다른 반도 똑같은지 궁금해서 친구한테 물어봤어요. **"너희 반에는 선생님이 몇 분 계셨어?"**

你们班有 位老师？

답 几

你们班有几位老师?
Nǐmen bān yǒu jǐ wèi lǎoshī?
너희 반에는 선생님이 몇 분 계셨어?

只有一位老师。
Zhǐ yǒu yí wèi lǎoshī.
선생님 한 분만 계셨어.

♥ Q ▽ 🔖

\# 只 zhǐ 오직

점심시간

午饭时间 ○

午饭小时 ✕

 점심시간(午饭小时)이 오후 1시로 바뀐 건가?

 아니야. 12시가 맞아. 그런데 지금처럼 '밥 먹는 시간. 시험 보는 시간. 숙제하는 시간'과 같이 구체적으로 특정한 시간을 말할 땐 时间이라고 해.

 아. 점심시간은 午饭时间이라고 해야 하는 거구나! 그럼 小时은 언제 쓰는 거야?

 小时은 '한 시간 동안. 두 시간 동안'처럼 시간의 길이를 나타낼 때 쓸 수 있어.

时间 shíjiān [명사] 시간

○ 시작과 끝이 있는 일정 기간의 시간. 또는 구체적인 특정 시간을 의미
해요.

下课的时间**到了。**
Xiàkè de shíjiān dào le.
수업 끝날 시간이 됐어요.

现在是韩国首尔时间**八点整。**
Xiànzài shì Hánguó Shǒu'ěr shíjiān bā diǎn zhěng.
지금은 한국 서울 시간으로 8시 정각이에요.

小时 xiǎoshí [명사] 시간

○ 시간의 길이를 나타내는 단위예요. 동작을 나타내는 단어 뒤에 붙여서
그 동작이 행해진 시간의 길이를 나타낼 수 있어요.

睡了一个小时**。**
Shuìle yí ge xiǎoshí.
한 시간 동안 잤어.

电影看了两个小时**。**
Diànyǐng kànle liǎng ge xiǎoshí.
영화를 두 시간 동안 봤어.

下课 xiàkè 수업이 끝나다 首尔 Shǒu'ěr 서울 八点整 bā diǎn zhěng 8시 정각 睡 shuì 자다

◉ 빈칸에 우리말 뜻에 맞는 중국어를 써 보세요.
◉ 미니 대화문을 세 번씩 듣고 따라하며 내 것으로 만들어 보세요.

((🔊)) 요즘 중국어 공부는 어떻게 하냐고 친구가 물어봤어요. 그래서 제가 "요즘엔 영화를 보면서 중국어 공부를 해. 재미있으니까 실력이 자연스럽게 늘더라고. 오늘은 영화를 **두 시간 동안 봤어.**"라며 저의 공부법을 공유했어요.

看了两个 　　　　。

답 **小时**

电影看了几个小时?
Diànyǐng kànle jǐ ge xiǎoshí?
영화를 몇 시간 동안 본 거야?

看了两个小时。
Kànle liǎng ge xiǎoshí.
두 시간 동안 봤어.

❤ ◯ ▽　　　• • • • • • •　　　🔖

중국은 한국과 1시간의 시차가 있어요. 지금 중국 북경이 7시면, **한국 서울 시간으로 8시 정각이에요.**

韩国首尔 　　　　　 八点整。

답 时间

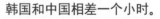

现在是韩国首尔时间八点整。
Xiànzài shì Hánguó Shǒu'ěr shíjiān bā diǎn zhěng.
지금은 한국 서울 시간으로 8시 정각이야.

韩国和中国相差一个小时。
Hánguó hé Zhōngguó xiāngchà yí ge xiǎoshí.
한국과 중국은 한 시간의 시차가 있어.

♥ Q ▽　　　　　•••••• •　　　　　🔖

相差 xiāngchà 서로 차이가 나다

좀 비싸네요.

有点儿贵。 〇

一点儿贵。 ✕

 요즘 돼지고기 한 근에 얼마야?

아마도 한 근에 40위안 정도 할거야.

 좀 비싸네(一点儿贵). 사장님께 여기 유학생인데 자주 오겠다고 말씀드리면 좀 저렴하게 해주시려나?

밑져야 본전이지! 근데 "有点儿贵. (좀 비싸네.)"라고 말하고 싶은거지? 一点儿贵라고 중국어로는 말하지 않거든.

有点儿 yǒudiǎnr [부사] 조금

○ 일반적으로 유쾌하지 않고 좋아하지 않는 일에 사용해요.
　※ 有点儿 + 형용사/동사

汉语有点儿**难。**
Hànyǔ yǒudiǎnr nán.
중국어는 좀 어려워.

今天有点儿**冷。**
Jīntiān yǒudiǎnr lěng.
오늘은 좀 춥네.

一点儿 yìdiǎnr [수사] 조금

○ 자신이 원하는 요구를 제시하거나 희망사항을 말할 때 또는 사물이나
　상황을 비교할 때 사용해요.
　※ 형용사 + (一)点儿 / 동사 + (一)点儿 + (명사)

请你说慢(一) 点儿**。**(형용사 + (一)点儿)
Qǐng nǐ shuō màn (yì) diǎnr.
조금 천천히 말씀해 주세요.

我今天吃了(一) 点儿**苹果。**(동사 + (一)点儿 + (명사))
Wǒ jīntiān chīle (yì) diǎnr píngguǒ.
(난) 오늘 사과 좀 먹었지.

汉语 hànyǔ 중국어 难 nán 어렵다 请 qǐng 부탁하다 说 shuō 말하다 慢 màn 느리다 苹果 píngguǒ 사과

○ 빈칸에 우리말 뜻에 맞는 중국어를 써 보세요.
○ 미니 대화문을 세 번씩 듣고 따라하며 내 것으로 만들어 보세요.

 친구가 스커트를 보여주면서 오늘 입으면 추울 거 같냐고 물어
봤어요. 그래서 제가 "**오늘은 좀 춥네.** 따뜻하게 입고 나가."라
고 말해 주었지요.

今天　　　　冷。

답 **有点儿**

今天天气怎么样?
Jīntiān tiānqi zěnmeyàng?
오늘 날씨 어때?

今天有点儿冷。
Jīntiān yǒudiǎnr lěng.
오늘은 좀 춥네.

 ······

56

실제 중국에 와 보니 중국 사람들 말이 왜 이렇게 빠른 건지, 도저히 알아들을 수가 없더라고요. 그래서 이럴 때마다 제가 매번 하는 말이 있어요. **"조금 천천히 말씀해 주세요."**

请你说慢 **。**

답 (一)点儿

不好意思，请你说慢 (一) 点儿。
Bùhǎoyìsi, qǐng nǐ shuō màn (yì) diǎnr.
죄송합니다. 조금 천천히 말씀해 주세요.

好的。
Hǎo de.
네 알겠어요.

CASE
11~15

헷갈리는 중국어 유의어

CASE 11 **끓인 물 주세요.**

开水 **VS** 热水

CASE 12 **나는 안 가.**

不 **VS** 没

CASE 13 **내가 전화를 세 번이나 했어.**

次 **VS** 遍

CASE 14 **만두 아니면 밥.**

或者 **VS** 还是

CASE 15 **내가 너에게 알려 줄게.**

告诉 **VS** 说

   • • • • • • •

♥ **10,540**

#헷갈리는 유의어 맥락 속 답 찾기 #뜻이 같아서 헷갈리는 중국어
#비슷하게 생겨서 헷갈리는 중국어 #잘할 수 있어 #이젠 문제 없어

끓인 물 주세요.

请给我开水。 ⭘

请给我热水。 ✘

여기 뜨거운 물(热水) 있을까?

뜨거운 물(热水)?
나가서 왼쪽 건물에 있는 화장실에서 쓰면 돼. 음식 곧
나오니까 얼른 다녀와!

아. 난 마실 수 있는 뜨거운 물을 말하고 싶었던 건데. 그럼
마시는 뜨거운 물은 중국어로 뭐야?

热水라고 해도 돼. **热水**는 마시는 뜨거운 물도 되고,
화장실에서 쓰는 뜨거운 물도 되거든. 중국 사람들이 대부분
물을 끓여서 마시잖아. 그래서 뜨거운 물(끓인 물)을
开水라고도 해.

开水 kāishuǐ [명사] 끓인 물

o 마실 수 있는 끓인 물을 의미해요. 같은 의미의 단어로는 白开水 báikāishuǐ이 있어요.

这杯开水太烫了。
Zhè bēi kāishuǐ tài tàng le.
이 끓인 물 너무 뜨거워.

中国人喜欢喝开水。
Zhōngguó rén xǐhuan hē kāishuǐ.
중국 사람들은 끓인 물 마시는 거 좋아해.

热水 rèshuǐ [명사] 온수, 뜨거운 물

o 화장실에서 쓰는 뜨거운 물을 의미할 때도 있고, 마실 수 있는 뜨거운 물을 의미할 때도 있어요.

现在没有热水，只有冷水。
Xiànzài méiyǒu rèshuǐ, zhǐ yǒu lěngshuǐ.
지금 뜨거운 물은 안 나오고 차가운 물만 나와.

冬天我喜欢用热水洗澡。
Dōngtiān wǒ xǐhuan yòng rèshuǐ xǐzǎo.
나는 겨울에 뜨거운 물로 샤워하는 걸 좋아해.

\# 烫 tàng 뜨겁다 只 zhǐ 오직 用 yòng 사용하다 洗澡 xǐzǎo 샤워하다

○ 빈칸에 우리말 뜻에 맞는 중국어를 써 보세요.
○ 미니 대화문을 세 번씩 듣고 따라하며 내 것으로 만들어 보세요.

((🔔)) 중국어 선생님이 항상 텀블러에 뜨거운 물을 담아서 들고 다니
시는 걸 봤어요. 친구에게 중국 사람들은 끓인 물만 마시냐고
물어봤어요. 친구는 "다 그런 건 아니지만 대부분 **중국 사람들
은 끓인 물 마시는 것을 좋아해.**"라고 이야기해 줬어요.

中国人喜欢喝 　　　　　。

답 **开水**

中国人喜欢喝冰水还是开水?
Zhōngguó rén xǐhuan hē bīngshuǐ háishi kāishuǐ?
중국 사람들은 차가운 물이랑 끓인 물 중에 뭘 더 좋아해?

中国人喜欢喝开水。
Zhōngguó rén xǐhuan hē kāishuǐ.
중국 사람들은 끓인 물 마시는 것을 좋아해.

♥ ◯ ▽　　　• • • • • • ·　　　🔖

冰水 bīngshuǐ 차가운 물 还是 háishi 또는, 아니면

같은 아파트에 사는 친구가 지금 차가운 물밖에 안 나온다며, 저희 집도 그러냐고 물어봤어요. 그래서 제가 **"지금 뜨거운 물은 안 나오고 차가운 물만 나와."**라고 답했어요.

现在没有 ⬜⬜⬜⬜ ，只有冷水。

답 **热水**

现在有没有热水？
Xiànzài yǒu méiyǒu rèshuǐ?
지금 뜨거운 물 나와?

现在没有热水，只有冷水。
Xiànzài méiyǒu rèshuǐ, zhǐ yǒu lěngshuǐ.
지금 뜨거운 물은 안 나오고 차가운 물만 나와.

♥ ○ ▽ 🔖

나는 안 가.

我**不**去。 ○

我**没**去。 ✕

너도 내일 경복궁에 가?

난 안 가(没去).

아쉽네. 그런데 지금 말한 중국어 표현도 한번 짚고 가자면. 没는 어떤 동작을 <u>안 했다</u>라는 뜻이라서 没去라고 말하면 <u>안 갔다</u>라는 뜻이 돼. 그래서 <u>안 간다</u>고 할 땐 不去라고 해야 해. 어쨌든 내일 무슨 일 있어?

오늘도 알려 줘서 고마워! 내일 급하게 출장을 가게 됐어.
내 몫까지 재미있게 다녀와!

不 bù **[부사]** ~ 아니다 / 안 ~하다 (동사, 형용사, 부사 앞에서 부정의 뜻을 나타냄)

๐ 과거. 현재. 미래에 쓰이며 판단과 사실을 부정할 때 사용해요.

今年中秋节我不回家。
Jīnnián zhōngqiūjié wǒ bù huíjiā.
올해 추석에는 집(고향)에 안 가.

这个考试不难。
Zhège kǎoshì bù nán.
이 시험은 안 어려워.

没 méi **[부사]** ~하지 않았다

๐ 과거와 현재에 쓰이며 동작. 행위 또는 상태를 부정할 때 사용해요.

他去过北京，我没去过。
Tā qùguo Běijīng, wǒ méi qùguo.
걔(그 친구)는 북경에 가 본 적이 있는데. 나는 가 본 적이 없어.

我没学过英语。
Wǒ méi xuéguo yīngyǔ.
난 영어를 배워 본 적이 없어.

中秋节 zhōngqiūjié 추석 回家 huíjiā 집에 가다 考试 kǎoshì 시험 难 nán 어렵다 过 guo ~해 본 적이 있다
英语 yīngyǔ 영어

◑ 빈칸에 우리말 뜻에 맞는 중국어를 써 보세요.
◑ 미니 대화문을 세 번씩 듣고 따라하며 내 것으로 만들어 보세요.

《🔊》 제가 외국인과 영어로 대화하는 걸 듣고, 친구가 해외에서 영어 공부를 했냐고 물어봤어요. 그래서 제가 뿌듯해하며 "아니, 해외에서 **영어를 배워 본 적은 없어.**"라고 대답했어요.

学过英语。

답 **没**

你在国外学过英语吗?
Nǐ zài guówài xuéguo yīngyǔ ma?
너 해외에서 영어 배워 본 적 있어?

没学过。
Méi xuéguo.
배워 본 적 없어.

♥ ○ ▽ 🔖

国外 guówài 해외

중국어 자격증 시험이 있어서, 친구와 함께 카페에 가서 공부하기로 했어요. 친구는 제가 공부하는 책을 보더니 안 어렵냐고 물어보더라고요. 그래서 제가 **"이 시험은 안 어려워."**라고 답하며 시험에 대해 설명해 주었어요.

这个考试 　　　　 难。

 答 不

这个考试难不难?
Zhège kǎoshì nán bu nán?
이 시험 어려워?

这个考试不难。
Zhège kǎoshì bù nán.
이 시험은 안 어려워.

次 VS 遍

내가 전화를 세 번이나 했어.

我打了三次电话。○
我打了三遍电话。✕

 무슨 일 있었어? 내가 전화를 세 번(遍)이나 했는데. 왜 계속 안 받는 거야?

 미안해. 전화가 온 줄 몰랐어. 그런데 이럴 땐 '번'은 遍이 아니라 次라고 해.

 그래? 둘 다 한국어로 '번'이라는 뜻이니까 둘 중에 아무거나 쓰면 안 돼?

 전화를 세 번 했다와 같이 그 세부 내용이나 과정과 상관없이 단순하게 어떤 동작만의 반복을 언급할 땐 次라고 하거든.

알쏭달쏭 유의어

次 cì [양사] 번

○ 동작의 반복만을 의미하며 처음부터 끝까지 모든 과정과 내용의 반복을 의미하지는 않아요.

※ 동사 + 수사 + 次

我问过姐姐几次。
Wǒ wènguo jiějie jǐ cì.
내가 언니한테 여러 번 물어봤어.

我去过杭州两次。
Wǒ qùguo hángzhōu liǎng cì.
나는 항저우에 두 번(여러 번) 가 봤어.

遍 biàn [양사] 번

○ 동작의 처음부터 끝까지의 모든 과정을 강조하며 그 내용이 중복(반복)됨을 의미해요.

※ 동사 + 수사 + 遍

这个电影已经看过三遍了。
Zhège diànyǐng yǐjing kànguo sān biàn le.
이 영화 이미 세 번 봤어. (같은 내용의 영화를 처음부터 끝까지 세 번 봤다)

老师问过两遍。
Lǎoshī wènguo liǎng biàn.
선생님이 두 번(여러 번) 물어보셨어.

问 wèn 물어보다 **姐姐** jiějie 언니 **杭州** hángzhōu 항저우(항주)

○ 빈칸에 우리말 뜻에 맞는 중국어를 써 보세요.
○ 미니 대화문을 세 번씩 듣고 따라하며 내 것으로 만들어 보세요.

(( )) **"난 항저우 두 번(여러 번) 가 봤어.** 내 친구가 거기에서 일하
고 있거든. 그래서 상해로 출장을 갈 때면 친구 얼굴도 볼 겸
그곳에 들렀었지."

我去过杭州两   。

답 次

你去过杭州吗?
Nǐ qùguo hángzhōu ma?
넌 항저우 가 봤어?

我去过杭州两次。
Wǒ qùguo hángzhōu liǎng cì.
난 항저우 두 번(여러 번) 가 봤어.

♥ ○ ▽   •••••• •   🔖

중국 친구와 마블 영화에 대해 이야기를 나주던 중 전 항상 개봉일에 보러 간다고 했어요. 그랬더니 친구가 이번에 나온 것도 봤냐고 물어보더라고요. 그래서 전 "당연하지, **이미 세 번 (처음부터 끝까지) 봤는 걸.**"하며 답했어요.

已经看过三   了。

답 遍

这个电影你看过吗?
Zhège diànyǐng nǐ kànguo ma?
너 이 영화 본 적 있어?

已经看过三了。
Yǐjing kànguo sān biàn le.
이미 세 번 봤는 걸.

♥ ○ ▽   •••••• ·   🔖

已经 yijing 이미

만두 아니면 밥.

饺子或者米饭。

饺子还是米饭。 ✕

와, 오늘 네가 한턱내는 거지? 나는 만두 아니면(还是) 밥 먹고 싶어! 너는 뭐 먹을 거야?

이야기 중에 미안한데, 중국어 표현 하나만 짚어 줄게. 还是은 의문문에서 둘 중 하나를 선택할 때 쓸 수 있어.

앗, 그럼 방금 내가 한 말은 "너 만두 먹고 싶어 아니면 밥 먹고 싶어?"라는 질문이 되는 거구나!

그렇지! "나는 만두 아니면 밥 먹고 싶어."라고 말하려면 평서문에서 쓰는 或者를 써야 해. 단어 뜻이 같아서 한국 친구들이 자주 헷갈려 하더라고.

或者 huòzhě [접속사] 아니면

○ 평서문에서만 사용하며 의문문에서는 사용하지 않아요.

红的或者白的我都喜欢。
Hóng de huòzhě bái de wǒ dōu xǐhuan.
빨간 거나 하얀 거 (나는) 다 좋아.

星期六或者星期天，我都有空。
Xīngqīliù huòzhě xīngqītiān, wǒ dōu yǒu kòng.
토요일이나 일요일(에) 나는 일정이 다 비어 있어.

还是 háishi [접속사] 아니면

○ 일반적으로 의문문에 사용하지만 不管 A还是B. 都C의 형식으로는 평서문에 사용하기도 해요.

你喜欢汉语还是英语?
Nǐ xǐhuan hànyǔ háishi yīngyǔ?
너(는) 중국어 좋아해 아니면 영어 좋아해?

不管下雨还是不下雨，都要去学校。
Bùguǎn xiàyǔ háishi bú xiàyǔ, dōu yào qù xuéxiào.
비가 오든지 안 오든지, 학교에 가야 해.

红的 hóng de 빨간 거 白的 bái de 하얀 거 都 dōu 다 星期六 xīngqīliù 토요일 星期天 xīngqītiān 일요일 空 kòng 짬, 시간 不管 bùguǎn ~에 관계없이 下雨 xiàyǔ 비가 오다

○ 빈칸에 우리말 뜻에 맞는 중국어를 써 보세요.
○ 미니 대화문을 세 번씩 듣고 따라하며 내 것으로 만들어 보세요.

((◆)) 남편이 야시장에서 제가 사려고 했던 핸드폰 케이스를 발견했
다며 전화를 했어요. 저에게 빨간 것과 하얀 것 둘 중에 하나를
골라 보라고 했어요. 그래서 저는 **"빨간 거나 하얀 거 (나는)
다 좋아."**라고 답했어요.

红的 　　　　　 白的我都喜欢。

답 或者

你喜欢红的还是白的?
Nǐ xǐhuan hóng de háishi bái de?
빨간 것과 하얀 것 중에 어떤 게 좋아?

红的或者白的我都喜欢。
Hóng de huòzhě bái de wǒ dōu xǐhuan.
빨간 거나 하얀 거 (나는) 다 좋아.

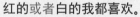

친구는 내일 비 소식이 있다는 걸 듣고, 체육 대회가 취소 되길 바라고 있어요. 그래서 제가 **"비가 오든지 안 오든지, 학교에 가야 돼."**라고 했어요.

不管下雨 ⬜⬜⬜⬜ 不下雨，都要去学校。

 还是

明天下雨的话，不用去学校了吧?
Míngtiān xiàyǔ dehua, búyòng qù xuéxiào le ba?
내일 비가 오면. 학교에 안 가도 되겠지?

不管下雨还是不下雨，都要去学校。
Bùguǎn xiàyǔ háishi bú xiàyǔ, dōu yào qù xuéxiào.
비가 오든지 안 오든지. 학교에 가야 돼.

♥ ◯ ◁   • • • • • • · 🔖

\# 的话 dehua ~라면 **不用** búyòng ~할 필요가 없다

내가 너에게 알려 줄게.

我告诉你。 ○

我说你。 ✕

 오늘 마트에서 세일 행사 한다고 (내가) 너에게 알려 주려고 (我说你) 연락했어.

나한테 야단(说我)치지 마!

 야단 치지 말라니? 갑자기 무슨 말이야?

하하하. 농담인데 못 알아들은 것 같네. (내가) 너에게 알려 준다고 말을 하려면 我告诉你라고 하면 돼. 我说你는 내가 너한테 한소리 좀 하겠다는 뜻이거든. 내 농담 이해했지?

告诉 gàosu [동사] 알려 주다

○ ※ 告诉 + 사람 + (내용)

是他告诉我的。
Shì tā gàosu wǒ de.
걔가 나한테 알려 줬지.

他昨天告诉我今年不想去了。
Tā zuótiān gàosu wǒ jīnnián bù xiǎng qù le.
걔가 어제 나한테 올해엔 가기 싫다고 그랬어.

说 shuō [동사] 말하다, 야단치다

○ ※ 说(말하다, 알려 주다) + 내용
   ※ 说(야단치다, 꾸짖다) + 사람 → 비평, 질책의 의미

你说说这是什么意思。
Nǐ shuōshuo zhè shì shénme yìsi.
(너) 이게 무슨 뜻인지 말해 봐.

妈妈说我了。
Māma shuō wǒ le.
엄마가 나를 야단치셨어.

昨天 zuótiān 어제 **什么** shénme 무슨 **意思** yìsi 뜻

○ 빈칸에 우리말 뜻에 맞는 중국어를 써 보세요.
○ 미니 대화문을 세 번씩 듣고 따라하며 내 것으로 만들어 보세요.

((🔈)) 이야기 도중에 친구에게 다음 달에 남자 친구와 함께 중국으로 어학연수 가냐고 물어봤어요. 친구가 제게 어떻게 알았냐고 놀라며 물어보자마자 **"걔(그 친구)가 나한테 알려 줬지."**라고 말하며 상황 설명을 해 줬어요.

是他 　　　　 我的。

🈯 **告诉**

你怎么知道的?
Nǐ zěnme zhīdào de?
너 어떻게 알았어?

是他告诉我的。
Shì tā gàosu wǒ de.
걔가 나한테 알려 줬지.

♥ ◌ ▽　　　　 •••••• •　　　　 🔖

怎么 zěnme 어떻게 知道 zhīdào 알다

78

엄마께 시험 준비 하느라 친구들이랑 밤새 공부했다고 거짓말을 한 게 들통났어요. 집에 돌아오자마자 **엄마가 저를 야단치셨어요.**

妈妈 ⬛⬛⬛⬛ 我了。

답 说

你怎么了?
Nǐ zěnme le?
무슨 일 있어?(너 왜 그래?)

唉! 妈妈说我了。
Āi! Māma shuō wǒ le.
어휘! 엄마가 나를 야단치셨어.

CASE 16~20

CASE 16 **얼른 갈게요.** (존중과 예의를 표할 때)

马上来 **VS** 马上去

CASE 17 **한자를 쓸 줄 알아.**

会 **VS** 能

CASE 18 **저렴할 때 사.**

时候 **VS** 时

CASE 19 **방금 마신 거야.** (대략 5분 전)

刚刚 **VS** 刚才

CASE 20 **이따가 다시 연락할게.** (30분 ~ 2시간 내로)

一会儿 **VS** 回头

   • • • • • •

♥ 10,540

#헷갈리는 유의어 맥락 속 답 찾기 #뜻이 같아서 헷갈리는 중국어
#비슷하게 생겨서 헷갈리는 중국어 #잘할 수 있어 #이젠 문제 없어

얼른 갈게요. (존중과 예의를 표할 때)

马上来。 ○

马上去。 ✗

여보세요? 어디쯤이야? 난 이미 도착했어.

엄청 일찍 왔네. 나도 얼른 갈게(马上来)! 조금만 기다려!

얼른 오라고(马上来)?
나 진즉에 도착 했다니까. 무슨 말이야?

하하. 马上来는 '얼른 갈게' 또는 '곧 도착해'라는 뜻이야.
马上去도 '얼른 갈게'라는 표현이지만, 马上来가 좀 더
예의가 있는 표현이면서, 실생활에서 더 자주 사용해.

马上来 mǎshàng lái 얼른 갈게요

○ 来(오다)는 화자가 상대방의 입장에 서서 말하는 것으로, 화자가 상대방이 있는 곳으로 가는 것을 의미해요. 상대방에게 존중과 예의를 표하며, 실생활에서 사용 빈도가 더 높아요.

科长，我马上来。
Kēzhǎng, wǒ mǎshàng lái.
과장님, 제가 얼른 갈게요.(제가 과장님이 계신 쪽으로 갈게요.)

他马上来。
Tā mǎshàng lái.
걔 곧 있으면 와.

马上去 mǎshàng qù 얼른 갈게요

○ 去(가다)는 화자의 입장에 서서 말하는 것으로, 화자가 상대방이 있는 곳으로 가는 것을 의미해요.

等我五分钟，我马上去。
Děng wǒ wǔ fēnzhōng, wǒ mǎshàng qù.
나 5분(만) 기다려 줘. 얼른 갈게.

我现在马上去看看吧。
Wǒ xiànzài mǎshàng qù kànkan ba.
내가 지금 얼른 가서 볼게.

\# 科长 kēzhǎng 과장님 马上 mǎshàng 얼른, 곧 来 lái 오다 分钟 fēnzhōng 분(시간의 길이를 나타낼 때)

○ 빈칸에 우리말 뜻에 맞는 중국어를 써 보세요.
○ 미니 대화문을 세 번씩 듣고 따라하며 내 것으로 만들어 보세요.

 과장님이 지금 통역 인력이 부족하다며 얼른 회사로 오라고 하셨어요. 그래서 제가 **"과장님, 제가 얼른 갈게요."**라고 답한 후 즉시 회사로 출발했어요.

科长，我　　　　　　。

답 马上来

公司出事了，你赶紧来一趟。
Gōngsī chū shì le, nǐ gǎnjǐn lái yí tàng.
회사에 일이 생겼으니 얼른 오세요.

好的，科长。我马上来。
Hǎode, kēzhǎng. Wǒ mǎshàng lái.
네. 과장님. 얼른 갈게요.

 ● ● ● ● ● ● ·

出事 chū shì 일이 생기다. 사고가 나다 **赶紧** gǎnjǐn 얼른 **趟** tàng 번(횟수를 나타냄)

84

친구와 함께 중국 청두에 유명한 팬더를 보러 가기로 한 날이에요. 친구는 표를 예매하기 위해 일찍 왔다며 제게 메시지를 보냈어요. 그래서 제가 "나도 곧 도착해. **5분(만) 기다려 줘, 얼른 갈게.**"라고 답장했어요.

等我五分钟，我　　　　　。

답 **马上去**

你到了吗?
Nǐ dào le ma?
너 다 왔어?

等我五分钟，我马上去。
Děng wǒ wǔ fēnzhōng, wǒ mǎshàng qù.
5분(만) 기다려 줘. 얼른 갈게.

♥ ○ ▽ · · · · · · · ◼

会 VS 能

한자를 쓸 줄 알아.

会写汉字。 ○

能写汉字。 ✕

 숲랑 能 둘 다 한국어로는 '할 수 있다'라는 뜻인데. 어떻게 구분해야 해? 매번 너무 헷갈려.

자. 그럼 내가 문제 하나를 내 볼게. "나 중국어 2개월밖에 안 배웠는데. 한자도 쓸 줄 알아."와 같이 말하려면 '쓸 줄 알아'는 会와 能 둘 중에 뭘 써야 할까?

 쓸 줄 아는 건 능력과 관련된 거니까 왠지 能을 쓸 것 같은데...!

자. 会와 能 모두 능력을 의미하지만 둘 중 학습을 통해 갖추게 된 능력을 뜻하는 단어는 会이니까 会写(쓸 줄 알아요)라고 말하면 돼.

会 huì [조동사] ~할 수 있다, ~할 줄 알다

○ 학습을 통해 어떤 능력이나 기술을 획득하는 것을 의미해요.

我会游泳。
Wǒ huì yóuyǒng.
난 수영할 줄 알아.

我会说一点儿汉语。
Wǒ huì shuō yì diǎnr hànyǔ.
난 중국어 조금 할 줄 알아.

能 néng [조동사] ~할 수 있다

○ 어떤 능력을 갖고 있는 것을 의미하며. 어떤 일을 해낼 수 있는 범위를 나타내거나 동의나 허가를 구할 때도 사용해요.

我一分钟能游30米。
Wǒ yì fēnzhōng néng yóu sānshí mǐ.
난 1분에 30미터 수영할 수 있어.

我能请假吗?
Wǒ néng qǐngjià ma?
저 휴가 낼 수 있을까요?

游泳 yóuyǒng 수영하다 (一)点儿 (yì)diǎnr 조금 游 yóu 헤엄치다 米 mǐ 미터 请假 qǐngjià 휴가를 내다

○ 빈칸에 우리말 뜻에 맞는 중국어를 써 보세요.
○ 미니 대화문을 세 번씩 듣고 따라하며 내 것으로 만들어 보세요.

《 🐹 》 친구는 1분에 50미터까지 수영할 수 있다며 제 기록도 궁금하
다고 물어봤어요. 그래서 **"난 1분에 30미터 수영할 수 있어."**
라고 말하면서 앞으로 더 열심히 노력을 해야겠다고 마음 속으
로 다짐했어요.

我一分钟 　　　　　 游30米。

답 **能**

你一分钟 能 游多少米?
Nǐ yì fēnzhōng néng yóu duōshao mǐ?
넌 1분에 몇 미터 수영할 수 있어?

我一分钟 能 游30米。
Wǒ yì fēnzhōng néng yóu sānshí mǐ.
난 1분에 30미터 수영할 수 있어.

♥ 〇 ▽ 　　　　　　 🔖

친구들과 다 같이 바다로 놀러갔어요. 제가 좀 더 깊은 곳까지 들어가 보자고 했더니 저에게 수영할 줄 아냐고 한 친구가 물어 봤어요. 그래서 자신있게 **"나 수영할 줄 알아."**하며 외쳤어요.

我　　　　游泳。

답 会

我不会游泳，你呢?
Wǒ búhuì yóuyǒng, nǐ ne?
난 수영할 줄 몰라. 너는?

我会游泳。
Wǒ huì yóuyǒng.
난 수영할 줄 알지.

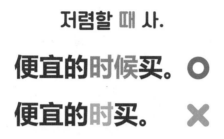

저렴할 **때** 사.

便宜的时候买。 O

便宜的时买。 ✕

요새 야채 값이 너무 많이 올랐어! 샐러드는 나중에 좀 저렴할 때(便宜的时) 살까?

좋아. 그렇게 하자! 근데 **便宜**는 时이랑 같이 쓸 수 없어서 便宜的时候라고 표현해.

그렇구나! 그럼 예쁠 때라고 말하고 싶을 땐 漂亮的时候라고 하면 돼?

그렇지! 时은 동작 뒤에 쓰니까 跑步时(뛸 때), 上课时(수업 시간에)처럼 말할 수 있어.

时候 shíhou **[명사]** 때

○ 문어체. 구어체에서 모두 사용할 수 있으며 时候 앞의 관형어는 반드시 的를 붙여야 해요.

※ 동사/형용사 + 的时候

上课的时候不能吃东西。
Shàngkè de shíhou bùnéng chī dōngxi.
수업 시간에 음식을 먹으면 안 돼.

冷的时候穿啊!
Lěng de shíhou chuān a!
추울 때 입으면 되지!

时 shí **[명사]** 때

○ 문어체에 사용하며 동사하고만 호응해서 사용해요. 또한 时 앞의 관형어는 的를 붙일 수 없어요.

※ 동사 + 时

上课时不能玩手机。
Shàngkè shí bùnéng wán shǒujī.
수업 시간에 핸드폰을 하면 안 돼.

回家时注意安全。
Huíjiā shí zhùyì ānquán.
집에 갈 때 조심히 가.

\# **东西** dōngxi 음식 **穿** chuān 입다 **玩** wán 놀다 **手机** shǒujī 핸드폰 **回家** huíjiā 집에 가다 **注意安全** zhùyì ānquán 안전에 주의하다

○ 빈칸에 우리말 뜻에 맞는 중국어를 써 보세요.
○ 미니 대화문을 세 번씩 듣고 따라하며 내 것으로 만들어 보세요.

((🔊)) 겨울에 중국 남방 지역으로 여행을 갔을 때 엄마께서 스웨터를 챙겨주셨던 적이 있었어요. 제가 "엄마, 스웨터는 챙겨서 뭐해요?"라고 했더니 엄마는 **"추울 때 입으면 되지!"**라고 말씀하시면서 옷을 챙겨 주셨어요.

冷的　　　　　穿啊！

답 **时候**

妈，带毛衣干嘛？
Mā, dài máoyī gànmá?
엄마. 스웨터는 챙겨서 뭐해요?

冷的时候穿啊！
Lěng de shíhou chuān a!
추울 때 입으면 되지!

♥ 💬 ▽　　　　　• • • • • •　　　　　🔖

带 dài 휴대하다　毛衣 máoyī 스웨터　干嘛 gànmá 뭐해요

92

후배가 수업 시간에 핸드폰을 하길래 주의를 주고 싶었어요.
"수업 시간에 핸드폰을 하면 안 돼. 이 교수님은 핸드폰을 하면 강의실에서 내쫓으셔."

上课 　　　　 不能玩手机。

답 时

上课时不能玩手机。
Shàngkè shí bùnéng wán shǒujī.
수업 시간에 핸드폰을 하면 안 돼.

我没玩啊。
Wǒ méi wán a.
저 핸드폰 안 했어요.

93

방금 **마신 거야.** (대략 5분 전)

刚刚喝的。 ⭕

刚才喝的。 ❌

 나 방금(刚才) 커피 마셔서 그런지 잠이 안 와. 내일 출근해야 하는데 큰일이야.

저녁에 커피 마셔도 잘 잤잖아. 몇 시쯤 마셨길래?

 한 5분 전? 그러게 원래 잘 잤었는데 오늘따라 이상하네.

5분 전이면 진짜 방금 전에 일어난 일이네! 이럴 땐 刚才보다 시간적으로 더 짧은 刚刚을 써서 말해.

刚刚 gānggāng [부사] 방금

○ 시간 부사로 동사나 형용사 앞에 쓸 수 있어요. 刚才보다 시간적으로 더 짧고, 문장 끝에 了를 쓸 수 없어요.

我是刚刚**来的。**(대략 5분 전)
Wǒ shì gānggāng lái de.
나는 방금 왔어.

别提了，刚刚**卖完。**
Bié tí le, gānggāng mài wán.
말도 마. 방금 다 팔렸어.

刚才 gāngcái [명사] 방금

○ 시간 명사로 주어 앞, 뒤에 모두 쓸 수 있어요. 보통 한두 시간 전을 의미하며, 문장 끝에 了를 쓸 수 있어요.

我是刚才**来的。**
Wǒ shì gāngcái lái de.
나는 방금 왔어.

刚才**那个人是谁啊?**
Gāngcái nàge rén shì shéi a?
방금 그 사람 누구야?

别 bié ~하지 마라 提 tí 언급하다 卖 mài 팔다 完 wán 다 떨어지다, 없어지다, 끝나다 谁 shéi 누구

콩닥콩닥 **실제상황**

038 ◯◯◯

○ 빈칸에 우리말 뜻에 맞는 중국어를 써 보세요.
○ 미니 대화문을 세 번씩 듣고 따라하며 내 것으로 만들어 보세요.

((🔔)) 제가 이불 속에서 조용히 게임하고 있었는데, 친구가 깜짝 놀라며 언제부터 있었냐고 물어봤어요. **"나 방금 왔어."**라고 했더니, 친구가 제게 인기척이라도 좀 해 주지 간담이 내려앉았다며 핀잔을 주더라고요.

我是 　　　　 来的。

답 **刚才**

你是什么时候来的?
Nǐ shì shénme shíhou lái de?
너 언제 온 거야?

我是刚才来的。
Wǒ shì gāngcái lái de.
나 방금 왔지.

♡ ♡ ▽　　　•••••••　　　🔖

什么时候 shénme shíhou 언제

96

《🔔》 친구가 어플에 특가로 올라온 비행기표를 산다고 했어요. 친구에게 샀냐고 물어봤더니, **"말도 마, 방금(대략 5분 전 쯤) 다 팔렸어."**라며 낙담 섞인 말로 대답하더라고요.

别提了, ⬜⬜⬜⬜⬜ **卖完。**

답 **刚刚**

机票买了吗?
Jīpiào mǎi le ma?
비행기표 샀어?

别提了, 刚刚卖完。
Bié tí le, gānggāng mài wán.
말도 마. 방금 다 팔렸어.

♥ Q ▽   • • • • • •   🔖

机票 jīpiào 비행기표

이따가 **다시 연락할게.** (30분 ~ 2시간 내로)

一会儿再联系你。 ○

回头再联系你。 ✕

나 연애 상담 좀 해 줄 수 있어?

좋아하는 여자 생겼구나! 무슨 일인데 그래?

내가 영화 보러 가자고 데이트 신청을 했는데. 걔가 이따가 (回头) 다시 연락 준다고 했었거든? 근데 며칠이 지나도 연락이 없어.

一会儿(이따가)이라고 했으면 대충 30분에서 2시간 내로 연락이 왔었을 텐데. 근데 回头라고 했으면 거절의 의미였을 수도 있어. 그분이 깜빡 잊어 버렸을 수도 있으니까 네가 다시 한번 연락해 보는 게 어때?

 **알쏭달쏭 유의어**

一会儿 yíhuìr [부사] 이따가

○ 보통 30분에서 2시간 내의 상대적으로 짧은 시간을 의미해요.

我去下洗手间，一会儿再点菜。
Wǒ qùxià xǐshǒujiān, yíhuìr zài diǎncài.
나 화장실 좀 다녀와서. 이따가 다시 주문하자. (시간이 짧음)

一会儿发给你。
yíhuìr fā gěi nǐ.
이따가 보내 줄게.

回头 huítóu [부사] 이따가, 나중에

○ 몇 시간 이상이거나 또는 시간이 확실하지 않을 때 사용하며, 상대적으로 긴 시간을 의미해요. 가끔은 에둘러서 말하는 거절을 의미하기도 해요.

回头我去找你。
Huítóu wǒ qù zhǎo nǐ.
이따가 내가 너 찾으러 갈게. (아마 몇 시간 이후)

回头我给你打电话。
Huítóu wǒ gěi nǐ dǎ diànhuà.
이따가 내가 (너에게) 전화할게.

洗手间 xǐshǒujiān 화장실 点菜 diǎncài 주문하다 发 fā 보내다 找 zhǎo 찾다 打电话 dǎ diànhuà 전화를 걸다

◉ 빈칸에 우리말 뜻에 맞는 중국어를 써 보세요.
◉ 미니 대화문을 세 번씩 듣고 따라하며 내 것으로 만들어 보세요.

((🔔)) 수업 중에 어제 찍은 사진들 좀 보내 달라고 친구한테서 문자
가 왔어요. 그래서 제가 "수업 중이니까, **이따가 보내 줄게.**"라
고 답장했어요.

发给你。

답 一会儿

你把照片发给我吧。
Nǐ bǎ zhàopiàn fā gěi wǒ ba.
사진 (나한테) 보내 줘.

好的，一会儿发给你。
Hǎo de, yíhuìr fā gěi nǐ.
알겠어. 이따가 보내 줄게.

❤ 　　•••••••　　 🔖

把 bǎ ~을(를) 照片 zhàopiàn 사진

간단하게 맥주 한 잔 하고 싶어서 친구에게 연락을 했어요. 그랬더니 친구가 지금은 가족들과 함께 등산 중이어서 **"이따가 내가 (너에게) 전화할게."**라고 말하더라고요.

我给你打电话。

답 回头

回头**我给你打电话。**
Huítóu wǒ gěi nǐ dǎ diànhuà.
이따가 내가 (너에게) 전화할게.

嗯嗯，别忘了!
Èng èng, bié wàng le!
알겠어. 잊으면 안 돼!

忘 wàng 잊어버리다

CASE
21~25

헷갈리는 중국어 유의어

CASE 21 난 네가 한국 사람인 줄 알았어.

以为 **VS** 认为

CASE 22 중국 문화를 더 알아보다.

了解 **VS** 理解

CASE 23 내가 (널) 도와줄게.

帮助 **VS** 帮忙

CASE 24 걱정 마. (나에 대해 걱정할 필요 없어.)

放心 **VS** 安心

CASE 25 얼른 갈게. (상대적인 시간의 길이)

马上 **VS** 立刻

♥ 10,540

#헷갈리는 유의어 맥락 속 답 찾기 #뜻이 같아서 헷갈리는 중국어
#비슷하게 생겨서 헷갈리는 중국어 #잘할 수 있어 #이젠 문제 없어

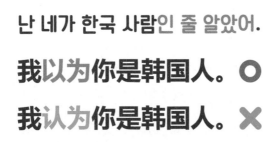

난 네가 한국 사람인 줄 알았어.

我以为你是韩国人。○
我认为你是韩国人。✗

뭐해? (중국 사람이 한국어로)

깜짝아! 근데 네 한국어 발음 진짜 좋다! 한국 사람이 말하는
줄 알았어(认为)!

정말? 칭찬해 줘서 고마워! 그런 김에 금방 쓴 중국어 표현에
대해 설명해 줄게. 이런 상황에서는 네가 생각한 게 사실과
다르니까 以为(~인 줄 알았다)라고 해야 해.

"我以为你是韩国人。(난 네가 한국 사람인 줄 알았어.)" 그리
고 "我认为你是韩国人。(난 네가 한국 사람이라고 생각해.)"
이렇게 말해야 한다는 거지? 以为랑 认为는 글자도 비슷하고
발음도 비슷한데 의미는 완전 다르네!

以为 yǐwéi [동사] ~인 줄 알았다

○ 주관적으로 추론한 생각 또는 결과가 사실과 일치하지 않을 때 사용해요.

我以为你是中国人。
Wǒ yǐwéi nǐ shì zhōngguó rén.
난 네가 중국 사람인 줄 알았어. (중국 사람이 아니다)

我以为你是韩国留学生。
Wǒ yǐwéi nǐ shì Hánguó liúxuéshēng.
난 네가 한국 유학생인 줄 알았어. (한국 유학생이 아니다)

认为 rènwéi [동사] 생각하다, 여기다

○ 사람이나 사물에 대해 객관적으로 확고한 견해가 있거나 판단을 할 때 사용해요.

我认为这是难得的机会。
Wǒ rènwéi zhè shì nándé de jīhuì.
난 이게 얻기 어려운 기회라고 생각해.

我认为他有能力。
Wǒ rènwéi tā yǒu nénglì.
난 걔가 능력이 있다고 생각해.

\# 留学生 liúxuéshēng 유학생 难得 nándé 얻기 어렵다 机会 jīhuì 기회 能力 nénglì 능력

○ 빈칸에 우리말 뜻에 맞는 중국어를 써 보세요.
○ 미니 대화문을 세 번씩 듣고 따라하며 내 것으로 만들어 보세요.

((🔊)) 중국 친구 한 명이 있는데 한국어도 잘하고, 평소에 한국 친구들과 자주 어울려 다녀요. 그래서 **저는 그 친구가 한국 유학생인 줄 알았어요.**

我 他是韩国留学生。

답 **以为**

我以为你是韩国留学生。
Wǒ yǐwéi nǐ shì Hánguó liúxuéshēng.
난 네가 한국 유학생인 줄 알았어.

哈哈，我是中国人呢。
Hāhā, wǒ shì zhōngguórén ne.
하하, 난 중국 사람인 걸.

♥ 🗨 ✈ • • • • • • • 🔖

친구가 주재원 발령을 받고 갈지 말지 고민을 하더라고요. 그래서 제가 **"난 이게 얻기 어려운 기회라고 생각해."**라면서 제 생각을 말해 주었어요.

我 ＿＿＿＿＿ 这是难得的机会。

답 认为

我**认为**这是难得的机会。
Wǒ rènwéi zhè shì nándé de jīhuì.
난 이게 얻기 어려운 기회라고 생각해.

对啊!
Duì a!
맞아!

중국 문화를 더 알아보다.

了解中国文化。 ○

理解中国文化。 ✗

 난 예전부터 중국 문화에 관심이 많았어. 중국어도 공부하고 싶고 중국 문화도 좀 더 알아보고(理解) 싶어서 중국으로 유학 온 거야.

중국 문화를 좀 더 알아보고 싶다고 할 때 알아보다는 了解 라고 해야 해. 理解(알다)는 사람의 마음을 공감하고 이해했 을 때 쓰거든.

 그럼 了解는 또 어떤 상황에서 쓸 수 있어?

了解는 어떤 대상에 대해서 매우 잘 알고 있을 때 쓸 수 있 어. 예를 들면 내가 뭘 좋아하고 뭘 싫어하는지 네가 매우 잘 알고 있는 것처럼 말이야!

了解 liǎojiě [동사] 알다, 이해하다

○ 어떤 대상 또는 상황에 대해 매우 자세하게 잘 알고 있는 경우에 사용
해요. '알아보다. 문의하다. 조사하다'라는 의미도 있어요.

我(很)了解我的男朋友。
Wǒ (hěn) liǎojiě wǒ de nánpéngyou.
나는 내 남자 친구에 대해 매우 잘 알고 있어.

我去了解一下情况。
Wǒ qù liǎojiě yíxià qíngkuàng.
내가 가서 무슨 상황인지 알아볼게.

理解 lǐjiě [동사] 알다, 이해하다

○ 감정적으로 그 사람의 마음을 공감하고 이해했을 때 또는 지식적인 부
분의 이해를 의미해요.

这个问题很难，外国人理解不了。
Zhège wèntí hěn nán, wàiguórén lǐjiě bu liǎo.
이 문제 어려워서 외국 사람들은 이해 못해.

我非常理解你的心情。
Wǒ fēicháng lǐjiě nǐ de xīnqíng.
네 마음을 이해해.

情况 qíngkuàng 상황 问题 wèntí 문제 外国人 wàiguórén 외국 사람 ~不了 ~ buliǎo ~할 수 없다 心情
xīnqíng 마음, 심정

○ 빈칸에 우리말 뜻에 맞는 중국어를 써 보세요.
○ 미니 대화문을 세 번씩 듣고 따라하며 내 것으로 만들어 보세요.

((•)) "내 남자 친구는 솔직하고, 예의 바르고, 다정다감해. **나는 내 남자 친구에 대해 매우 잘 알고 있어.**"

我(很)⬚⬚⬚⬚我的男朋友。

답 **了解**

我(很)了解我的男朋友。
Wǒ (hěn) liǎojiě wǒ de nánpéngyou.
난 내 남자 친구에 대해 정말 잘 알고 있어.

那他也了解你吗?
Nà tā yě liǎojiě nǐ ma?
그럼 걔도 너에 대해 잘 알고 있어?

♥ ○ ▽   🔖

"너는 그 친구한테 배려한 건데, 그 친구가 네 마음을 몰라줘서 서운했구나. 나도 그랬던 적 있어. **네 마음 이해해.**"

我非常   你的心情。

답 **理解**

我非常理解你的心情。
Wǒ fēicháng lǐjiě nǐ de xīnqíng.
네 마음을 이해해.

多谢，多谢!
Duō xiè, duō xiè!
정말 고마워!

帮助 VS 帮忙

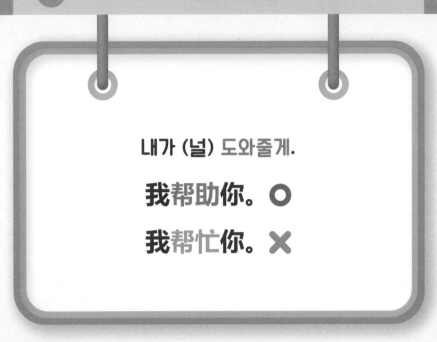

내가 (널) 도와줄게.

我帮助你。 ○

我帮忙你。 ✕

요즘 공부도 하고 일도 하고 게다가 집안일까지 하느라 힘들지? 오늘은 내가 너를 도와줄게(我帮忙你)! 나한테 맡겨!

말만으로도 고마워! 그런데 帮忙 뒤에는 목적어를 써서 말하지 않아.

아, 그러면 뒤에 사람을 빼고 我帮忙(내가 도와줄게)이라고 말하면 되려나?

아니, 보통 帮助你(너를 도와줄게)라고 말해. 帮助 뒤에는 목적어를 써서 말할 수 있거든.

帮助 bāngzhù [동사] 도와주다 [명사] 도움

○ 보통 공식적인 자리에서 자주 사용되며, 다른 사람의 중요한 일을 도
와주는 느낌이 강해요. 帮忙과 달리 뒤에 목적어가 올 수 있어요.

我要帮(助)他搬家。 (동사 역할)
Wǒ yào bāng(zhù) tā bānjiā.
(내가) 그 친구 이사하는 거 도와줘야 해.

我需要你的帮助。 (명사 역할)
Wǒ xūyào nǐ de bāngzhù.
(나는) 네 도움이 필요해.

帮忙 bāngmáng [동사] 도와주다 [명사] 도움

○ 구어체로 보통 다른 사람의 사소한 일을 도와줄 때 사용해요. 帮忙은
술어와 목적어로 이루어진 구조여서 뒤에 더이상 목적어가 올 수 없어요.

我当然应该帮忙。
Wǒ dāngrán yīnggāi bāngmáng.
(내가) 당연히 도와줘야지.

你能帮忙买杯咖啡吗?
Nǐ néng bāngmáng mǎi bēi kāfēi ma?
(네가) 커피 좀 사다 줄 수 있어?

搬家 bānjiā 이사하다 **需要** xūyào 필요하다 **当然** dāngrán 당연히 **应该** yīnggāi 마땅히 ~해야 한다
能 néng ~할 수 있다 **买** mǎi 사다 **咖啡** kāfēi 커피

◉ 빈칸에 우리말 뜻에 맞는 중국어를 써 보세요.
◉ 미니 대화문을 세 번씩 듣고 따라하며 내 것으로 만들어 보세요.

오늘 외국 친구가 이사하는 것을 도와주기로 했어요. 그 친구는 아직 중국어가 서툴러서 **제가 그 친구 이사하는 것을 도와줘야 하거든요.**

我要 ▢▢▢▢ 他搬家。

답 **帮(助)**

你今天干嘛?
Nǐ jīntiān gànmá?
너 오늘 뭐 해?

今天我要**帮**(助)他搬家。
Jīntiān wǒ yào bāng(zhù) tā bānjiā.
오늘은 그 친구 이사하는 거 도와줘야 해.

♥ Q ▽ ••••••• 🔖

친구가 이사하는 것을 도와주고 있는데, 둘이서는 도저히 못 끝낼 것 같았어요. 그래서 제가 친구 한 명을 더 불렀죠. 내친 김에 제가 친구한테 "오는 길에 **커피 한 잔 사다 줄 수 있어?**" 라고 부탁했어요.

你能   买杯咖啡吗?

답 **帮忙**

你能帮忙买杯咖啡吗?
Nǐ néng bāngmáng mǎi bēi kāfēi ma?
커피 한 잔 사다 줄 수 있어?

没问题。
Méi wèntí.
알겠어(문제 없지).

걱정 마. (나에 대해 걱정할 필요 없어.)

放心吧。 ⭕

安心吧。 ❌

 집에 도착했어?

응. 도착했어! 걱정 마. 안심해(安心).

 도착했다니 안심이네! 참, 나에 대해 걱정할 필요 없다고 말할 땐 放心(吧)(걱정마)라고 하면 돼. 신기하게 한국 친구들은 安心(吧)(안심해)라고 하더라고.

하하, 아마도 '안심'의 한자어가 安心이라서 그런가 봐. 오늘도 알려 줘서 고마워! 덕분에 중국어 실력이 날마다 향상되는 것 같아!

放心 fàngxīn [동사] 안심하다

o 사람 또는 일에 대해 걱정할 필요가 없다는 것을 의미해요. 공식적인
자리에서 사용할 땐 '请您放心 (안심하세요)'이라고 표현할 수 있어요.

你放心，我送你回家。
Nǐ fàngxīn, wǒ sòng nǐ huíjiā.
걱정 마. 내가 집에 바래다줄게.

你放心让孩子一个人在家吗?
Nǐ fàngxīn ràng háizi yí ge rén zài jiā ma?
애한테 혼자 집에 있으라고 해도 괜찮겠어?

安心 ānxīn [형용사] 안심하다, 마음놓다

o 일에 대해 걱정할 필요가 없다는 것을 의미해요. 걱정할 필요 없다. 무
서워할 필요 없다 등 마음의 안정을 의미해요.
　※ 安心 + 동사

你安心吃饭，时间还早呢。
Nǐ ānxīn chīfàn, shíjiān hái zǎo ne.
마음 놓고 밥 먹어. 아직 시간 있어.

你安心学习，不要担心我们。
Nǐ ānxīn xuéxí, búyào dānxīn wǒmen.
마음 놓고 공부해. 우리 걱정하지 말고.

送 sòng 바래다주다 让 ràng ~하게 하다 孩子 háizi 아이 一个人 yí ge rén 혼자 在 zài ~에 있다 还 hái
아직 早 zǎo (때가) 이르다 担心 dānxīn 걱정하다

○ 빈칸에 우리말 뜻에 맞는 중국어를 써 보세요.

○ 미니 대화문을 세 번씩 듣고 따라하며 내 것으로 만들어 보세요.

"마음 놓고 밥 먹어, 아직 시간 있어. 만약에 차 놓치면 내가 집까지 데려다줄게."라고 말하며 친구를 안심시켰어요.

你 □□□ 吃饭，时间还早呢。

답 **安心**

赶不上车怎么办?

Gǎnbushàng chē zěnmebàn?

차 놓치면 어떡하지?

你安心吃饭，时间还早呢。

Nǐ ānxīn chīfàn, shíjiān hái zǎo ne.

마음 놓고 밥 먹어. 아직 시간 있어.

♥ ○ ▽  🔖

\# 赶不上 gǎnbushàng 놓치다 车 chē 차 怎么办 zěnmebàn 어떡해

호감이 가는 친구가 밤 늦게 어떻게 집에 가야 할지 고민하고 있었어요. 그래서 제가 **"걱정 마, 내가 집에 바래다줄게."**라고 말하며 친절을 베풀었어요.

你 _____, 我送你回家。

답 放心

我不知道怎么走。
Wǒ bùzhīdào zěnme zǒu.
어떻게 가야 할지 모르겠어.

你放心, 我送你回家。
Nǐ fàngxīn, wǒ sòng nǐ huíjiā.
걱정 마. 내가 집에 바래다줄게.

얼른 **갈게.** (상대적인 시간의 길이)

马上来。 ○
立刻来。 ✕

금방(马上) 온다더니 왜 아직도 안 오는 거야?

하하. 내가 그렇다고 '즉시(立刻) 갈게'라고는 안 했잖아.
농담이고, 얼른 갈게!

그게 무슨 말이야?

중국 친구들이 马上来(얼른 갈게)라고 말했어도 한 시간. 두
시간. 세 시간이 지나도 안 오는 경우가 있어. 马上(금방, 곧)
이 짧은 시간을 의미하긴 하지만 짧은 정도가 상대적이고 주
관적이거든.

马上 mǎshàng [부사] 곧, 얼른, 바로, 당장

○ 강조하는 시간의 길이가 짧지만 짧음의 기준은 상대적이며 주관적이
   에요. 马上은 就와 자주 호응하며 구어체에서 많이 사용해요.

别催了，我马上就去办。
Bié cuī le, wǒ mǎshàng jiù qù bàn.
재촉하지 마. (내가) 바로 (처리)하러 갈게.

别急，马上马上。
Bié jí, mǎshàng mǎshàng.
조급해하지 마. 얼른 끝낼 수 있어.

立刻 lìkè [부사] 곧, 얼른, 바로, 당장

○ 시간의 길이가 매우 짧음을 의미해요. 立刻는 了와 자주 호응하며 문
   어체. 구어체에 모두 사용해요.

你立刻去找啊!
Nǐ lìkè qù zhǎo a!
너 당장 걔 찾아봐!

有什么问题立刻问我。
Yǒu shénme wèntí lìkè wèn wǒ.
무슨 문제 있으면 나한테 바로 물어봐.

别 bié ~하지 마라 催 cuī 재촉하다 办 bàn 처리하다 问题 wèntí 문제

○ 빈칸에 우리말 뜻에 맞는 중국어를 써 보세요.
○ 미니 대화문을 세 번씩 듣고 따라하며 내 것으로 만들어 보세요.

((🔊)) 동생과 놀러 나가기 전에 혼자 맞추고 있던 퍼즐을 다 완성시키고 싶었어요. 그래서 제가 **"조급해하지 마, 얼른 끝낼 수 있어."** 라고 했지만, 동생은 이걸 언제 다 맞추냐며 투덜거렸어요.

别急,　　　　　。

🔲 **马上马上**

什么时候能做完?
Shénme shíhou néng zuò wán?
언제 다 해?

别急，马上马上。
Bié jí, mǎshàng mǎshàng.
조급해하지 마. 얼른 끝낼 수 있어.

♥ ○ ▽   • • • • • •   🔖

어린 조카가 놀이터에서 잘 놀고 있다가 제가 잠깐 한눈을 판 사이에 사라졌어요. 이 사실을 고모님께 말씀드리자마자 놀라셔서 **"당장 걔 찾아봐!"**라고 언성을 높여 말씀하셨어요.

你 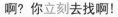 去找啊!

답 **立刻**

 姑姑，孩子丢了。
Gūgu, háizi diū le.
고모. 아이를 잃어버렸어요.

啊? 你立刻去找啊!
A? Nǐ lìkè qù zhǎo a!
뭐라고? 너 당장 걔 찾아봐!

♥ ♡ ✈　　•••••• •　　🔖

姑姑 gūgu 고모　丢 diū 잃어버리다

CASE
26~30

헷갈리는 중국어 유의어

CASE 26 **스승의 날**

教师 **VS** 老师

CASE 27 **그 사람 누군지 알아.** (들어 본 적이 있을 때)

知道 **VS** 认识

CASE 28 **우리 모두 한국 사람이야.**

咱们 **VS** 我们

CASE 29 **옷이 따뜻해.**

暖和 **VS** 暖

CASE 30 **빨간 얼굴**

的 **VS** 得

♥ 10,540

#헷갈리는 유의어 맥락 속 답 찾기 #뜻이 같아서 헷갈리는 중국어
#비슷하게 생겨서 헷갈리는 중국어 #잘할 수 있어 #이젠 문제 없어

스승의 날

教师节　○

老师节　✕

 중국에서 내일이 무슨 날인 줄 알아?

9월 1일 老师节(스승의 날)이야. 맞지?

 맞아 맞아. 근데 스승의 날은 教师节라고 해야 해. 왜냐하면 教师은 직업에 대한 명칭으로 쓰고, 老师은 개인에 대한 호칭으로 쓰거든.

여태까지 둘 다 바꿔 써도 되는 줄 알았는데. 구분해서 써야 하는 구나!

教师 jiàoshī **[명사]** 선생님

- 교육 종사자를 의미하며 직업에 대한 명칭으로 사용해요. 주로 공식적인 장소에서 사용되며 문어체에요.

我从事教师工作已经十多年了。
Wǒ cóngshì jiàoshī gōngzuò yǐjing shí duō nián le.
내가 교사 일을 한 지 십여 년이 됐어.

中国的教师节是9月1号。
Zhōngguó de jiàoshī jié shì jiǔ yuè yī hào.
중국의 스승의 날은 9월 1일이야.

老师 lǎoshī **[명사]** 선생님

- 일반적으로 개인에 대한 호칭으로 구어체에서 사용해요. 교육자, 기술을 전수하는 사람을 일컫거나 사회적 상황에서 예의를 표하는 호칭으로 사용해요.

她是我的汉语老师。
Tā shì wǒ de hànyǔ lǎoshī.
이분이 (나의) 중국어 선생님이야.

老师是杭州人。
Lǎoshī shì hángzhōu rén.
선생님은 항저우 사람이야.

\# 从事 cóngshì 종사하다. 일을 하다 **已经** yǐjing 이미 **十多年** shí duō nián 십여 년 **教师节** jiàoshī jié 스승의 날 **月** yuè 월 **号** hào 일

○ 빈칸에 우리말 뜻에 맞는 중국어를 써 보세요.
○ 미니 대화문을 세 번씩 듣고 따라하며 내 것으로 만들어 보세요.

((🐷)) 친구가 중국어 강의 영상을 보더니, 이 선생님은 한국어도 잘
하고 중국어도 잘한다며 진짜 멋있다고 칭찬했어요. 그래서 제
가 친구에게 **"이분이 (나의) 중국어 선생님이야."**라고 자랑했
어요.

她是我的汉语　　　　　。

탑 **老师**

她的韩语、汉语都好棒哦!
Tā de hányǔ, hànyǔ dōu hǎo bàng ò!
한국어. 중국어 다 잘 하시네 정말 짱이다(대단하시다)!

哈哈哈，她是我的汉语老师。
Hā hā hā, tā shì wǒ de hànyǔ lǎoshī.
하하하. 이분이 (나의) 중국어 선생님이야.

 ❤ Q ▽ ⋯⋯⋯ ▉

韩语 hányǔ 한국어　汉语 hànyǔ 중국어　棒 bàng 좋다, 훌륭하다

한국은 5월 15일이 스승의 날이라고 말하며 중국도 스승의 날이 있는지 물어봤어요. 그랬더니 친구가 중국도 스승의 날이 있다면서 **"중국은 9월 1일이 스승의 날이야."**라고 알려줬어요.

中国的 ▨▨▨ 节是9月1号。

 教师

中国的教师节是几月几号?
Zhōngguó de jiàoshī jié shì jǐ yuè jǐ hào?
중국에선 스승의 날이 몇 월 며칠이야?

中国的教师节是9月1号。
Zhōngguó de jiàoshī jié shì jiǔ yuè yī hào.
중국은 9월 1일이 스승의 날이야.

그 사람 누군지 알아.
(들어 본 적이 있을 때)

知道他。 O

认识他。 ✕

 손흥민 선수를 아냐고? 당연히 알지(认识)!

 우와. 정말? 손흥민 선수를 알아(认识)? 그럼 나 사인 좀 받아줄 수 있어? 나 손흥민 선수 팬이야!

 아. 나는 손흥민 선수가 누구를 말하는지 안다는 말이었고, 서로 알고 지내는 사이라고 말한 게 아니거든.

 그런 거였어? 그럴 땐 '손흥민 선수가 누군지 알아(知道)'라고 말하면 돼. 그 사람을 만나 본 적은 없지만. 그 사람에 대해 들어 본 적은 있으니까. 나는 또 서로 알고 지내는 사이인 줄 알고 기대했네.

知道 zhīdào [동사] 알다

○ 어떤 사람을 안다(知道)라고 할 땐 그 사람의 이름 또는 그 사람과 관련된 정보를 알고 있는 경우를 말하며, 개인적으로 알고 지내거나 친분을 맺고 있는 사이가 아닌 경우를 말해요.

　예 매체를 통해 알게 된 연예인

你知道防弹少年吗?
Nǐ zhīdào fángdàn shàonián ma?
너 방탄소년단 알아?

你知道他是谁?
Nǐ zhīdào tā shì shéi?
너 걔 누군지 알아?

认识 rènshi [동사] 알다

○ 어떤 사람을 안다(认识)라는 것은 그 사람을 만나 본 적이 있고, 그 사람을 개인적으로 아는 경우를 말해요. 하지만 그 사람은 당신을 모르거나 마주쳤던 적이 있지만 기억하지 못하는 경우도 있어요.

　예 짝사랑하는 남자

你怎么不认识我了, 我是你大学同学啊!
Nǐ zěnme bú rènshi wǒ le, wǒ shì nǐ dàxué tóngxué a!
너 왜 나를 못 알아 봐. 나 네 대학 동창이잖아!

以前不认识他们, 只知道他们的名字。
Yǐqián bú rènshi tāmen, zhǐ zhīdào tāmen de míngzi.
예전에는 걔네들 몰랐어. 이름만 알았지.

\# 防弹少年 fángdàn shàonián 방탄소년단　谁 shéi 누구　怎么 zěnme 왜　大学 dàxué 대학교　以前 yǐqián 예전　名字 míngzi 이름

❍ 빈칸에 우리말 뜻에 맞는 중국어를 써 보세요.
❍ 미니 대화문을 세 번씩 듣고 따라하며 내 것으로 만들어 보세요.

친구와 같이 길을 걷다가 제가 한 남자를 손으로 가리키며 말
했어요. "저 사람 며칠 전 예능 프로그램에도 나왔던 신인 배
우야. **너 저 사람 누군지 알아?**"

你　　　　　他是谁?

답 知道

你知道他是谁?
Nǐ zhīdào tā shì shéi?
너 저 사람 누군지 알아?

你知道他是谁?

不知道，我不认识他。
Bùzhīdào, wǒ bú rènshi tā.
난 저 사람 누군지 몰라.

 ......

132

친구가 SNS에 재밌게 놀았다는 글과 함께 아이돌이랑 찍은 사진을 올렸어요. 그래서 제가 예전부터 그 아이돌과 아는 사이였냐고 물어봤더니, **예전에는 몰랐고, 이름만 알고 있었다**고 하더라고요.

以前不 ⬜⬜⬜ 他们，
只知道他们的名字。

 답 认识

你认识他们吗?
Nǐ rènshi tāmen ma?
너 걔네들 알아?

我以前不认识他们，只知道他们的名字。
Wǒ yǐqián bú rènshi tāmen, zhǐ zhīdào tāmen de míngzi.
예전에는 걔네들 몰랐어, 이름만 알았지.

♥ ◯ ▽　　　　　　🔖

우리 모두 한국 사람이야.

咱们都是韩国人。 ○

我们都是韩国人。 ✕

※중국 북방 지역 기준

 우리(我们) 세 명은 한국 사람인데. 너희 두 명은 어느 나라 사람이야?

우리(我们)도 모두 한국 사람이야.

 그럼 우리(我们) 모두 다 한국 사람이네?

그치. 그런데 이럴 땐 중국 북방 지역에서는 보통 "咱们都是韩国人。(우리(우리+너희) 모두 한국 사람이야.)"라고 말하더라고.

咱们 zánmen [대명사] 우리

○ 咱们은 '우리+너희' 즉, 화자 및 화자와 대화하는 상대방을 모두 포함하며, 북방 사람들이 더 자주 사용해요.

咱们还没吃饭。
Zánmen hái méi chīfàn.
우리 아직 밥을 안 먹었어.

咱们打车吧。
Zánmen dǎchē ba.
우리 택시 타자.

我们 wǒmen [대명사] 우리

○ 我们은 화자와 대화하는 상대방을 모두 포함시킬 수도 있고, 일부만 포함시킬 수도 있어요. 남방 사람들은 보통 我们이라고 말하고, 咱们은 잘 쓰지 않아요.

我们一起吃饭吧。
Wǒmen yìqǐ chīfàn ba.
우리 같이 밥 먹자.

我们什么时候去?
Wǒmen shénme shíhou qù?
우리 언제 가?

还 hái 아직　没 méi 안 ~했다　打车 dǎchē 택시를 타다　一起 yìqǐ 같이　什么时候 shénme shíhou 언제

🔘 빈칸에 우리말 뜻에 맞는 중국어를 써 보세요.
🔘 미니 대화문을 세 번씩 듣고 따라하며 내 것으로 만들어 보세요.

 친구들과 다 같이 모여서 공항에 가기로 했어요. 중국 친구들은 택시를 기다리고 있고, 한국 친구들은 어떻게 갈지 의논 중이에요. 이때 한국 친구 한 명이 **"우리는 언제 가?"**라고 물어봤어요.

什么时候去?

답 **我们**

我们什么时候去?
Wǒmen shénme shíhou qù?
우리는 언제 가?

再等等吧。
Zài děngdeng ba.
조금만 더 기다려 보자.

❤ ◯ ▽　　🔖

136

대형 택시를 한 대 불러서 다 같이 타고 가는 게 비용이 저렴할 것 같았어요. 그래서 중국 친구들에게 **"우리 택시 타자."**라고 제안을 했어요.

打车吧。

답 **咱们**

咱们怎么去?
Zánmen zěnme qù?
우리 어떻게 가?

咱们打车吧。
Zánmen dǎchē ba.
우리 택시 타자.

♥ ○ ▽ ▮

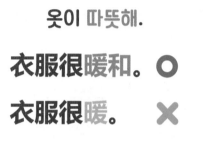

옷이 **따뜻해.**

衣服很暖和。 O

衣服很暖。 X

너 오늘 왜 이렇게 춥게 입었어. 난 오늘 히트텍 입었더니
진짜 따뜻해(很暖)!

난 추위를 별로 안 타서 괜찮아. 근데 히트텍을 입어서 몸이
따뜻한 거니까 暖和라고 해야 돼. 暖은 마음이 따뜻하다라는
뜻을 갖고 있거든.

아! 이전에 중국 친구들이 暖男이라고 표현하는 것을 들어 본
적이 있는데. 마음이 따뜻한 남자라는 뜻인가?

아니. 중국에서는 훈남(暖男)은 자상하고 세심한 남자를 의미해.

알쏭달쏭 유의어

057

暖和 nuǎnhuo **[형용사]** 따뜻하다

- 날씨, 옷, 환경이 사람을 따뜻하게 할 때 사용해요.

这件衣服很暖和。
Zhè jiàn yīfu hěn nuǎnhuo.
이 옷은 따뜻해.

昆明一年四季都很暖和。
Kūnmíng yī nián sìjì dōu hěn nuǎnhuo.
쿤밍은 일년 내내 따뜻해.

VS

暖 nuǎn **[형용사]** 따뜻하다

- 일반적으로 마음이 따뜻해지거나 따뜻한 기분이 들 때 사용해요.

这是一本暖心的小说。
Zhè shì yì běn nuǎnxīn de xiǎoshuō.
이건 마음이 따뜻해지는 소설책이야.

她的男朋友是个暖男。
Tā de nánpéngyou shì ge nuǎnnán.
걔 남자 친구 훈남이야. *중국에서 훈남은 자상하고 세심한 남자를 의미

件 jiàn 벌 (옷을 셀 때) 衣服 yīfu 옷 昆明 kūnmíng 쿤밍 一年 yī nián 일 년 四季 sìjì 사계절 本 běn 권 暖心 nuǎnxīn 마음을 따뜻하게 해 주다 小说 xiǎoshuō 소설

❤️ 콩닥콩닥 **실제상황**

○ 빈칸에 우리말 뜻에 맞는 중국어를 써 보세요.
○ 미니 대화문을 세 번씩 듣고 따라하며 내 것으로 만들어 보세요.

((🔔)) 친구가 결혼하고 싶은 사람이 생겼는데, 소개시켜 주고 싶다며 자리를 마련했어요. 만나서 얘기를 나누어 보니 마음이 따뜻하고, 성품도 좋고 인물도 훤칠하더라고요. **제 친구(의) 남자 친구는 훈남이에요.**

她的男朋友是个 ⬚⬚⬚ 男。

답 暖

她的男朋友是个 暖 男。
Tā de nánpéngyou shì ge nuǎnnán.
걔 남자 친구 훈남이야.

我也想找个 暖 男。
Wǒ yě xiǎng zhǎo ge nuǎnnán.
나도 훈남이랑 연애하고 싶다.

♥ Q ▽ • • • • • • 🔖

暖男 nuǎnnán 훈남(훈훈한 남자) 也 yě ~도 또한 找 zhǎo 찾다

140

저는 중국에서 여행을 갔던 곳 중 쿤밍이 제일 좋았어요. 겨울에 가도 춥지 않은 **쿤밍은 일년 내내 따뜻하거든요.**

昆明一年四季都很 　　　　。

답 暖和

昆明的天气怎么样？
Kūnmíng de tiānqì zěnmeyàng?
쿤밍 날씨는 어때?

一年四季都很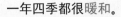暖和。
Yī nián sìjì dōu hěn nuǎnhuo.
일년 내내 따뜻해.

 ......

빨간 얼굴

红红的脸 ⭕

红红得脸 ❌

내가 질문 하나 해 볼 테니 맞춰 봐. 빨간 얼굴은 红红的脸이 맞을까. 红红得脸이 맞을까?

음. 红红得脸이 맞는 것 같아!

틀렸어! 정답은 红红的脸이야. 的가 '~한'이라는 뜻이니까. '红红的(빨간) + 脸(얼굴)'이 되겠지?

아 맞네. 的는 꾸며 주는 말 뒤에 올 수 있었지! 하나 또 배웠다!

 **알쏭달쏭 유의어**

的 de **[조사]** ~한, ~하는

○ 的는 동사/형용사와 명사 사이에 위치하며 명사를 꾸며주는 역할을 해요.

※ 동사/형용사 + 的 + 명사

寒冷的冬天到了。
Hánlěng de dōngtiān dào le.
몹시 추운 겨울이 왔어.

你唱的是什么歌?
Nǐ chàng de shì shénme gē?
네가 부르고 있는 노래가 뭐야?

得 de **[조사]** ~하는 정도가

○ 得는 술어와 보어 사이에 위치하여, 술어와 보어를 연결해 주는 다리 역할을 해요.

※ 술어(동사/형용사) + 得 + 결과나 정도를 나타내는 보어

他跑得非常快。
Tā pǎo de fēicháng kuài.
걔는 달리기가 진짜 빨라.

她汉语说得非常流利。
Tā hànyǔ shuō de fēicháng liúlì.
걔는 중국어를 정말 유창하게 잘해.

\# **寒冷** hánlěng 몹시 춥다 **到** dào ~에 이르다 **唱** chàng 부르다 **歌** gē 노래 **跑** pǎo 뛰다 **非常** fēicháng 매우
快 kuài 빠르다 **流利** liúlì 유창하다

143

○ 빈칸에 우리말 뜻에 맞는 중국어를 써 보세요.
○ 미니 대화문을 세 번씩 듣고 따라하며 내 것으로 만들어 보세요.

《(◉)》 사장님이 주변에 중국어 잘하는 친구가 있냐고 여쭤보셨어요.
그래서 제가 "지인 중에 어렸을 때부터 중국에 살았던 친구가 있
어요. **개는 중국어**(를 하는 정도가) **정말 유창하게 잘해요.**"라고 말
씀드렸어요.

她汉语说 　　　　　　非常流利。

 답 得

她汉语说得怎么样?
Tā hànyǔ shuō de zěnmeyàng?
그 친구 중국어 잘하니?

她说得非常流利。
Tā shuō de fēicháng liúli.
그 친구는 중국어를 정말 유창하게 잘해요.

 ●●●●●● ·

친구가 제 노래를 듣더니, **"네가 부르고 있는 노래 뭐야?"**라고 물어봤어요. 그래서 제가 "내가 부르는 노래는 〈첨밀밀〉이야."라고 알려 줬어요.

你唱 　　　 是什么歌?

답 的

你唱的是什么歌?
Nǐ chàng de shì shénme gē?
네가 부르고 있는 노래 뭐야?

《甜蜜蜜》。
<tiánmìmì>.
<첨밀밀>이야.

 　　　　　•••••• • 　　　　　 ▐

什么 shénme 무엇

CASE 31~35

헷갈리는 중국어 유의어

CASE 31 **형이 걸어오고 있어.**

走过来 **VS** 走过去

CASE 32 **상해에 가 봤어.**

过 **VS** 了

CASE 33 **얘는 내 여자 친구야.** (성별이 여자인 친구)

女性朋友 **VS** 女朋友

CASE 34 **또 밥 안 먹었지.**

又 **VS** 再

CASE 35 **다들 알고 있어.**

谁都知道 **VS** 谁知道

♥ 10,540

#헷갈리는 유의어 맥락 속 답 찾기 #뜻이 같아서 헷갈리는 중국어
#비슷하게 생겨서 헷갈리는 중국어 #잘할 수 있어 #이젠 문제 없어

형이 걸어오고 있어.

哥哥走过来。 〇

哥哥走过去。 ✕

이제 곧 있으면 영화 시작하는데. 우리 형은 언제쯤 오려나.
어! 저기 걸어오고 있구나(走过去)!

어? 어디로 걸어가는데? 난 안 보여. 네가 이쪽으로 오라고
불러 봐. 난 팝콘이랑 콜라 좀 사러 갔다 올게!

응? 형이 우리 쪽으로 걸어오고 있다고 말한 건데?

아, 난 또 너희 형이 우리를 그냥 지나쳐 걸어갔다는 말인줄
알았네. 이럴 땐 너희 형이 우리 쪽으로 걸어오고 있으니까
걸어가다(走过去)가 아니라 걸어오다(走过来)라고 말하면 돼.

走过来 zǒu guòlái 걸어오다

○ 走(걷다) + 过来 ((건너)오다)가 합쳐진 단어이며. 过来는 어떤 대상이
　다른 지점에서 화자가 있는 곳으로 이동하는 것을 나타내요.

他从那边走过来。
Tā cóng nàbian zǒu guòlái.
그 사람이 저쪽에서 걸어서 오네.

慢慢儿走过来吧。
Mànmānr zǒu guòlái ba.
천천히 걸어와 봐.

走过去 zǒu guòqù 걸어가다, 지나가다

○ 走(걷다) + 过去 ((건너)가다)가 합쳐진 단어이며. 过去는 어떤 대상이
　화자가 있는 곳으로부터 떠나거나 화자를 거쳐 또 다른 곳으로 이동할
　때 쓸 수 있는 표현이에요.

我们走过去吗? 要不坐公交车吧。
Wǒmen zǒu guòqù ma? Yàobù zuò gōngjiāochē ba.
우리 걸어 가? 아니면 버스 타자.

她刚刚走过去。
Tā gānggāng zǒu guòqù.
걔 방금 지나갔는데.

慢 màn 느리다 吧 ba 요청의 어감을 나타냄 要不 yàobù 그렇지 않으면 坐 zuò 타다 公交车 gōngjiāochē
버스 刚刚 gānggāng 방금

○ 빈칸에 우리말 뜻에 맞는 중국어를 써 보세요.
○ 미니 대화문을 세 번씩 듣고 따라하며 내 것으로 만들어 보세요.

(🔔) 종업원 오면 맥주 두 병 더 시키자고 말했더니, 친구가 **"방금 지나갔는데."**라고 했어요.

她刚刚 ⬜⬜⬜⬜⬜ 。

답 走过去

服务员呢?
Fúwùyuán ne?
종업원은?

她刚刚走过去。
Tā gānggāng zǒu guòqù.
방금 지나갔는데.

❤ 💬 ✈ •••••• 🔖

친구들이 SNS에 노을 보면서 커피 마시는 사진을 올렸어요. 보자마자 친구한테 전화해서 저도 가고 싶다고 말했어요. 그랬더니 친구가 "걸어오면서 노을 지는 풍경을 보면 더 멋지니까 **천천히 걸어와.**"라고 말하더라고요.

慢慢儿   吧。

답 走过来

我也想跟你们一起喝咖啡。
Wǒ yě xiǎng gēn nǐmen yìqǐ hē kāfēi.
나도 너희랑 같이 커피 마시고 싶어.

好啊! 你慢慢儿走过来吧。
Hǎo a! Nǐ mànmānr zǒu guòlái ba.
좋아! 천천히 걸어와.

151

32

过 VS 了

상해에 가 봤어.

去过上海。 ⭕

去了上海。 ❌

 우리 이번 여름 방학 때 상해로 놀러 가는 거 어때?

 난 작년에 상해에 가 봤거든(去了). 이번엔 북방 지역으로
여행을 가 보고 싶은데. 너는 어때?

 좋지! 근데 가 본 적이 있다는 경험을 표현할 땐 过를 써야 해.
그럼 상해에 가 본 적이 있다는 표현은 去过上海가 되겠지?

 아하! 경험에 대해서 말할 땐 过를 쓰고, 了는 동작의 완료를
나타낼 때 쓰는 거였지? 깜빡 했었네!

过 guo **[조사]** 동작의 경험을 나타냄

○ 과거에 어떤 경험을 했던 적이 있을 때 사용하며, 没를 함께 써서 부정형으로(~한 적이 없다) 표현할 수 있어요.

我去过好几次中国。
Wǒ qùguo hǎojǐ cì Zhōngguó.
나는 중국에 여러 번 가 봤어.

我没看过这部电影。
Wǒ méi kànguo zhè bù diànyǐng.
난 이 영화를 본 적 없어.

了 le **[조사]** 동작의 완료를 나타냄

○ 과거의 시점에 어떤 행위를 완료했다는 것을 나타내며, 부정형으로(~하지 않았다) 표현할 땐 了를 빼고 술어 앞에 没를 써요.

我昨天看了一部电影。
Wǒ zuótiān kànle yí bù diànyǐng.
나 어제 영화 한 편 봤어.

今天学了一个小时。
Jīntiān xuéle yí ge xiǎoshí.
오늘 한 시간 공부했어.

好几 hǎojǐ 여러, 몇 次 cì 번 部 bù 편(영화를 셀 때) 电影 diànyǐng 영화 一个小时 yí ge xiǎoshí 한 시간

콩닥콩닥 실제상황

 064 ○○○

○ 빈칸에 우리말 뜻에 맞는 중국어를 써 보세요.
○ 미니 대화문을 세 번씩 듣고 따라하며 내 것으로 만들어 보세요.

((•)) 친구가 중국어 학원에서 수업 듣는 시간 외에 집에서는 몇 시
간 동안 공부했냐고 물어봤어요. 그래서 제가 **"오늘은 한 시간
공부했어."**라고 대답했어요.

今天学 ___ 一个小时。

답 了

今天学了几个小时?
Jīntiān xuéle jǐ ge xiǎoshí?
오늘은 몇 시간 공부했어?

今天学了一个小时。
Jīntiān xuéle yí ge xiǎoshí.
오늘은 한 시간 공부했어.

♥ ◯ ▽   • • • • • •   🔖

154

중국 친구가 한국 영화 〈부산행〉을 재밌게 봤다면서 저한테도
그 영화를 봤냐고 물어보더라고요. 아쉽게도 **"난 이 영화 본
적 없어."**라고 대답했어요.

我没看　　　　　这部电影。

답 过

你看过这部电影吗?
Nǐ kànguo zhè bù diànyǐng ma?
너 이 영화 본 적 있어?

我没看过这部电影。
Wǒ méi kànguo zhè bù diànyǐng.
난 이 영화 본 적 없어.

155

女性朋友 VS 女朋友

얘는 내 여자 친구야. (성별이 여자인 친구)

她是我的女性朋友。 ○
她是我的女朋友。 ✕

오! 여긴 어쩐 일이야? 여기서 다 만나네!

그러게! 난 가족들이랑 외식하러 왔지. 너는 친구들이랑 같이 온 거야?

그랬구나! 아 맞다. 내가 소개해 줄게. 얘는 민지고, 얘는 슬기야. 내 여자 친구(女朋友)들이야.

하하. 너 여자 친구(女朋友)가 두 명이나 있었던 거야? 교제 하고 있는 여자 친구는 女朋友라고 하고, 연인 관계가 아닌 친구로 지내는 여사친은 女性朋友라고 말하거든.

女性朋友 nǚxìng péngyou **[명사]** (성별이) 여자인 친구 / 연인 관계가 아닌 친구로 지내는 사이인 여사친

○ 女性(여성)과 朋友(친구)가 합쳐져서 (성별이) 여자인 친구를 의미해요. 반대로 (성별이) 남자인 친구는 男性朋友라고 해요.

她不是我的女朋友，是我的女性朋友。
Tā búshì wǒ de nǚpéngyou, shì wǒ de nǚxìng péngyou.
걔는 내 여자 친구가 아니라, 여사친이야.

他有不少女性朋友。
Tā yǒu bù shǎo nǚxìng péngyou.
걔는 여사친이 많아.

女朋友 nǚpéngyou **[명사]** 여자 친구

○ 연인 관계인 여자 친구를 의미해요. 반대로 남자 친구는 男朋友라고 해요.

我女朋友长得很漂亮。
Wǒ nǚpéngyou zhǎng de hěn piàoliang.
내 여자 친구는 예쁘게 생겼어.

我有女朋友了。
Wǒ yǒu nǚpéngyou le.
나 여자 친구 생겼어.

男性朋友 nánxìng péngyou 성별이 남자인 친구 **不少** bù shǎo 적지 않다, 많다 **长** zhǎng 생기다 **漂亮** piàoliang 예쁘다

❤ 콩닥콩닥 실제상황

○ 빈칸에 우리말 뜻에 맞는 중국어를 써 보세요.
○ 미니 대화문을 세 번씩 듣고 따라하며 내 것으로 만들어 보세요.

((🔔)) 친구 중에 입담도 좋고, 이야기 듣는 것도 좋아하는 남자애가
있어요. 그래서 그런지 걔는 **여사친이 많아요.**

有不少   呢。

답 **女性朋友**

他有女朋友吗?
Tā yǒu nǚpéngyou ma?
걔는 여친 있어?

哈哈哈! 有不少女性朋友呢。
Hāhāhā! Yǒu bùshǎo nǚxìng péngyou ne.
하하하! 여사친이 엄청 많아.

❤ Q ▽   • • • • • •   🔖

저는 중고등학교 시절 내내 연애를 못 해봤어요. 그랬던 제가 처음으로 SNS에 **"나 여자 친구 생겼어."**라는 말과 함께 여자 친구랑 찍은 사진을 올렸어요.

我有   了。

답 **女朋友**

我有女朋友了。
Wǒ yǒu nǚpéngyou le.
나 여자 친구 생겼어.

听说女朋友长得很漂亮。
Tīngshuō nǚpéngyou zhǎng de hěn piàoliang.
네 여자 친구 엄청 예쁘다던데.

♥ ○ ◁   •••••• ·   🔖

听说 tīngshuō 들은 바로는, 듣자 하니

또 밥 안 먹었지.

又没吃饭啊。 ○

再没吃饭啊。 ✕

 간식 사러 슈퍼마켓에 같이 갈래?

너 또(再) 밥 안 먹었지! 밥은 안 먹고 군것질만 하면 몸 상해.

 방금 밥 든든히 먹었어. 걱정 마! 그런데, '또 밥 안 먹었지'라
고 말할 땐 밥을 안 먹은 동작이 반복적으로 일어났고,
그 동작이 이미 발생했으니까 又를 써서 말해야 해.

그럼 你又没吃饭啊라고 말해야 하는 거구나!

又 yòu **[부사]** 또, 다시

○ 동작이나 상황이 반복적으로 발생한 것을 의미하며, 그 동작이 이미
일어난 경우에 사용해요.
※ 又 + 조동사 + 동사

昨天下雪，今天又下了。
Zuótiān xiàxuě, jīntiān yòu xià le.
어제 눈이 내렸는데. 오늘 또 내렸어.

你怎么又来晚了?
Nǐ zěnme yòu lái wǎn le?
너(는) 왜 또 늦게 왔어?

再 zài **[부사]** 또, 다시

○ 再도 又처럼 동작이나 상황의 반복을 의미하지만. 再는 미래에 발생할
일에 사용해요. 어떤 때는 형용사 앞에 쓰여 정도가 더 깊어짐을 의미
하기도 해요.

请再说一遍。
Qǐng zài shuō yí biàn.
다시 한번 말씀해 주세요.

苹果太贵了，再便宜一点吧。
Píngguǒ tài guì le, zài piányi yì diǎn ba.
사과(가) 너무 비싸요. 좀 더 싸게 해 주세요.

\# **下雪** xiàxuě 눈이 내리다 **下** xià (눈, 비가) 내리다 **遍** biàn 번 **苹果** píngguǒ 사과 **太~了** tài ~ le 너무 ~하다
贵 guì 비싸다 **便宜** piányi 싸다

○ 빈칸에 우리말 뜻에 맞는 중국어를 써 보세요.
○ 미니 대화문을 세 번씩 듣고 따라하며 내 것으로 만들어 보세요.

(((🔔))) 저와 만날 때마다 안 늦은 적이 없는 친구가 한 명 있어요. 오늘은 '제시간에 오겠지?'라는 기대를 했지만, 역시나 오늘도 늦게 왔어요. 화가 났지만 그래도 참고 친구에게 이유를 물어봤어요. **"너 왜 또 늦게 온 거야?"**

你怎么　　　　 来晚了？

정답 又

你怎么又来晚了？
Nǐ zěnme yòu lái wǎn le?
너 왜 또 늦게 온 거야?

对不起！因为路上堵车。
Duìbuqǐ! Yīnwèi lùshang dǔchē.
미안해! 차가 막혀서 늦었어.

♥ Q ✈ 🔖

堵车 dǔchē 차가 막히다

기차역 매표소에서 표를 사는데 매표원이 하는 말이 너무 빨라서 못 알아 들었어요. 이럴 때마다 저는 이렇게 말해요.
"다시 한번 말씀해 주세요."

请 　　　　 说一遍。

답 再

只剩一张票了，你要不要?
Zhǐ shèng yì zhāng piào le, nǐ yào buyào?
표 한 장밖에 안 남았는데. 드릴까요?

不好意思，请再说一遍。
Bùhǎoyìsi, qǐng zài shuō yí biàn.
죄송합니다. 다시 한번 말씀해 주세요.

♥ ◯ ▽　　　• • • • • • ·　　　🔖

剩 shèng 남다　要 yào 원하다

163

다들 알고 있어.

谁都知道。 ⭕

谁知道。 ❌

 혹시 걔네 비밀 연애 하고 있는 거 알아?

 다들 알고 있지(谁知道)! 모르는 사람 없을걸?

 세상엔 비밀이 없구나! 그런데, 다들 알고 있다고 말할 때는 谁都知道라고 하면 돼. 谁知道는 누가 알고 있냐고 물어보는 표현이거든.

 谁(누구)는 무조건 의문문을 만들 때만 쓰는 줄 알았는데, 아닐 때도 있구나!

谁都知道 shéi dōu zhīdào 다들 알아요

○ '모든 사람들이 다 안다'라는 뜻이며 평서문으로 사용해요.

这个谁都知道。
Zhège shéi dōu zhīdào.
이건 다들 알고 있어.

谁都知道你是外国人。
Shéi dōu zhīdào nǐ shì wàiguórén.
네가 외국 사람인 거 다들 알고 있어.

谁知道? shéi zhīdào? 누가 알아요?

○ 누가(谁) 알아요(知道)라는 뜻의 의문문이에요. 때로는 '누가 알겠는가'
　라는 뜻의 평서문으로 사용되기도 해요.

谁知道这件事?
Shéi zhīdào zhè jiàn shì?
누가 이 일을 알고 있을까?

谁知道会这样。
Shéi zhīdào huì zhèyàng.
이렇게 될 줄 누가 알았겠어.

\# 谁 shéi 누구 知道 zhīdào 알다 外国人 wàiguórén 외국 사람 会 huì ~할 것이다 这样 zhèyàng 이렇게

○ 빈칸에 우리말 뜻에 맞는 중국어를 써 보세요.
○ 미니 대화문을 세 번씩 듣고 따라하며 내 것으로 만들어 보세요.

(((🔔))) 친구들에게 이 문자는 누군가 만우절이라서 장난친 거라고 알려 줬어요. 그랬더니 친구들은 **"이건(그건) 다들 알고 있어."** 라며 덤덤한 표정으로 말하더라고요.

这个　　　　　。

답 谁都知道

昨天是愚人节！
Zuótiān shì yúrénjié!
어제 만우절이었어!

对啊，这个谁都知道。
Duì a, zhège shéi dōu zhīdào.
맞아, 이건(그건) 다들 알고 있어.

❤ 💬 ✈　　　•••••••　　　🔖

아침에 차를 타려는데, 차 문 옆쪽에 흠집이 생긴 걸 발견했어요. 양쪽 차주들에게 전화를 걸어서 물어봤지만 다들 모른다고 하더라고요. 답답한 마음에 **'누가 (이 일을) 알고 있을까?'** 라고 중얼거리며 관리실로 전화를 했어요.

这件事？

 答 谁知道

谁知道这件事？
Shéi zhīdào zhè jiàn shì?
누가 이 일을 알고 있나요？

我们都不知道。
Wǒmen dōu bùzhīdào.
저희는 다 몰라요.

헷갈리는 중국어 유의어

CASE
36~40

헷갈리는 중국어 유의어

CASE 36 **3개월 전에 여행 갔어.**

三个月前 **VS** 前三个月

CASE 37 **예뻐졌네.**

变 **VS** 变化

CASE 38 **나한테 잘 어울려.**

适合 **VS** 合适

CASE 39 **우리 회사의 고객**

客户 **VS** 顾客

CASE 40 **근데 우리는 가고 싶어.**

但是 **VS** 不过

♥ 10,540

#헷갈리는 유의어 맥락 속 답 찾기 #뜻이 같아서 헷갈리는 중국어
#비슷하게 생겨서 헷갈리는 중국어 #잘할 수 있어 #이젠 문제 없어

3개월 전에 **여행 갔어.**

三个月前去旅游了。 ⭕

前三个月去旅游了。 ❌

 3개월 전에(前三个月) 친구랑 이곳저곳 여행을 다녔었는데. 거기서 먹었던 음식들이 그리워.

 세 달 동안 여행했다고?

 아니, 지금이 4월이니까 (3개월 전인) 1월에 한 달 동안 여행을 다녔지.

 아, 그렇게 말하고 싶었던 거구나! 前三个月는 (지난) 3개월 동안을 뜻하는 거니까, 3개월 전에 여행을 간 거는 三个月前 (3개월 전)이라고 하면 돼.

三个月前 sān ge yuè qián 3개월 전

○ 현재를 기준으로 3개월 전의 시점을 의미해요.

我三个月前见到过王老师。
Wǒ sān ge yuè qián jiàndao guo wáng lǎoshī.
나는 3개월 전에 왕 선생님을 만났어.

三个月前我还不会说汉语。
Sān ge yuè qián wǒ hái búhuì shuō hànyǔ.
3개월 전만 해도 난 중국어를 할 줄 몰랐어.

前三个月 qián sān ge yuè (지난) 3개월 동안

○ 현재를 기준으로 지난 3개월 동안의 시간을 의미해요.

每年的前三个月最忙。
Měinián de qián sān ge yuè zuì máng.
매년 연초 3개월이 제일 바빠.

高考前三个月应该怎么学习?
Gāokǎo qián sān ge yuè yīnggāi zěnme xuéxí?
수능 시험 보기 전에 3개월 동안 어떻게 공부해야 할까?

\# 到 dào (동사의 보어로 사용 시) ~을 해내다 **每年** měinián 매년 **最** zuì 세일 **忙** máng 바쁘다

◉ 빈칸에 우리말 뜻에 맞는 중국어를 써 보세요.
◉ 미니 대화문을 세 번씩 듣고 따라하며 내 것으로 만들어 보세요.

(((🔊))) "지금 6월 맞지? 내가 3월에 중국으로 어학연수를 왔는데,
3개월 전만 해도 난 중국어를 할 줄 몰랐어."

我还不会说汉语。

답 **三个月前**

你汉语说得可真好。
Nǐ hànyǔ shuō de kě zhēn hǎo.
너 중국어 진짜 잘한다.

其实，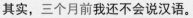三个月前我还不会说汉语。
Qíshí, sān ge yuè qián wǒ hái búhuì shuō hànyǔ.
사실 3개월 전만 해도 난 중국어를 할 줄 몰랐어.

♥ Q ▽ • • • • • • 🔖

 # **其实** qíshí 사실

친구가 요즘 회사 일로 너무 바빠서 정신이 없다고 하길래 제가 언제가 제일 바쁘냐고 물어봤어요. 그랬더니 친구는 한숨을 푹 쉬면서 **"매년 연초 3개월 동안이 제일 바빠."**라고 대답했어요.

每年的 ⬜⬜⬜ 最忙。

 前三个月

你们公司什么时候最忙?
Nǐmen gōngsī shénme shíhou zuì máng?
너희 회사는 언제 제일 바빠?

每年的 前三个月最忙。
Měinián de qián sān ge yuè zuì máng.
매년 연초 3개월 동안이 제일 바빠.

♥ ○ ▽   🔖

예뻐졌네.

変漂亮了。 〇

変化漂亮了。 ✕

 오, 요즘 연애 하더니 예뻐졌네(変化漂亮了)!

変化漂亮了? 또 중국어 설명을 해 줘야 되겠구만! 자. 내가 말하는 거 듣고 맞춰 봐. 変은 원래의 상태랑 다를 때 쓸 수 있고, 変化는 새로운 상황이 나타났을 때 쓸 수 있어. 그럼 둘 중에 어느 걸 쓰는 게 맞을까?

 외모가 원래의 상태랑 달라졌으니까 変을 써야 되겠네!

맞아! 그러면 예뻐졌다는 変漂亮了가 되겠지?

알쏭달쏭 유의어

变 biàn **[동사]** 변하다, 바뀌다

○ 성질. 상태. 상황이 원래와 같지 않음을 의미해요. 보통 뒤쪽의 보어와 자주 호응하여 상태나 결과의 변화를 나타내요.

变胖了。 (变+형용사+(了))
Biàn pàng le.
살이 쪘어.

变得越来越胖了。 (变得+형용사/절)
Biàn de yuèláiyuè pàng le.
점점 더 살이 쪘어.

变化 biànhuà **[동사, 명사]** 변화(하다), 바뀌다

○ 새로운 상황이나 경향의 출현을 의미해요. 뒤에 목적어를 바로 연이어 쓰는 경우가 거의 없어요.

情况发生了变化。
Qíngkuàng fāshēng le biànhuà.
상황이 바뀌었어.

最近几年，上海变化很大。
Zuìjìn jǐ nián, Shànghǎi biànhuà hěn dà.
최근 몇 년간. 상해가 많이 변했어요.

胖 pàng 뚱뚱하다 得 de 술어와 보어 사이에 쓰여 연결시키는 역할 越来越 yuèláiyuè 점점 더 情况 qíngkuàng 상황 发生 fāshēng 발생하다

○ 빈칸에 우리말 뜻에 맞는 중국어를 써 보세요.
○ 미니 대화문을 세 번씩 듣고 따라하며 내 것으로 만들어 보세요.

((🔔)) 제가 임신하고 입덧을 했을 땐 몸무게 변화가 없었는데, 그 후로 급격하게 **살이 쪘어요.**

胖了。

답 **变**

我**变**胖了。
Wǒ biàn pàng le.
저 살이 쪘어요.

这样更好看。
Zhèyàng gèng hǎokàn.
살이 찐 게 더 예뻐.

♥ ○ ▽ • • • • • • · 🔖

这样 zhèyàng 이렇게, 이래서 更 gèng 더

176

한국에서 중국어를 가르치는 중국 선생님이 설을 맞아 고향인 상해로 가셨어요. 안부 인사를 드릴 겸 선생님께 연락을 드렸더니 선생님께서 "최근 몇 년간, **상해가 많이 변했어요.** 이제는 못 알아 볼 정도예요."라고 말씀하셨어요.

上海 　　　　 很大。

답 **变化**

最近几年，上海变化很大。
Zuìjìn jǐ nián, Shànghǎi biànhuà hěn dà.
최근 몇 년간, 상해가 많이 변했어요.

是啊，我都不认识了。
Shì a, wǒ dōu bú rènshi le.
맞아요. 이제는 못 알아보겠어요.

♥ ○ ▽ 🔖

 이 정장 어때? 디자인도 예쁘고 색깔도 너에게 잘 어울릴 것 같은데?

괜찮네. 한번 입어 볼게! 오, 이 옷 나한테 잘 어울리는데(合适我)? 나도 마음에 들어!

 나한테 잘 어울린다고 말할 땐 이걸 기억해 두면 좋아. 合适 뒤에는 사람이 올 수 없지만, 适合 뒤에는 사람이 올 수 있어.

아, 그럼 나한테 잘 어울린다고 말하고 싶으면 适合我라고 하면 되는구나!

适合 shìhé **[동사]** 적합하다, 어울리다

○ 동사이기 때문에 뒤에 목적어가 올 수 있으며, 사람 또는 사물 모두 목적어로 쓰일 수 있어요.

这件适合你。
Zhè jiàn shìhé nǐ.
이 옷 너한테 잘 어울리네.

适不适合我啊?
Shì bu shìhé wǒ a?
나한테 잘 어울려 안 어울려?

合适 héshì **[형용사]** 적합하다, 어울리다

○ 형용사이기 때문에 뒤에 목적어가 올 수 없어요. '너한테 잘 어울리네'라고 말하고 싶을 땐, 对를 사용해서 표현하면 돼요.

这个发型对你很合适。
Zhège fàxíng duì nǐ hěn héshì.
이 헤어스타일 너한테 잘 어울리네.

这件衣服对你很合适。
Zhè jiàn yīfu duì nǐ hěn héshì.
이 옷 너한테 잘 어울리네.

件 jiàn 벌 (옷을 셀 때) 发型 fàxíng 헤어스타일 对 duì ~에게

콩닥콩닥 **실제상황**

○ 빈칸에 우리말 뜻에 맞는 중국어를 써 보세요.

○ 미니 대화문을 세 번씩 듣고 따라하며 내 것으로 만들어 보세요.

《 친구가 어떤 옷이 잘 어울리냐고 물어봤어요. 그래서 제가 "어
두운 색감의 옷을 입었을 땐 얼굴이 좀 어두워 보였는데, **이 옷
은 너한테 잘 어울리네.**"라고 말해 주었어요.

这件　　　　你。

답 **适合**

哪件衣服适合我?
Nǎ jiàn yīfu shìhé wǒ?
어떤 옷이 나한테 잘 어울려?

这件适合你。
Zhè jiàn shìhé nǐ.
이 옷이 너한테 잘 어울리네.

♥ ⃝ ▽　　　　　　🔖

친구가 헤어스타일을 바꿨는데 이상하지 않냐며 물어봤어요. 그래서 제가 "단발머리는 평범했는데, **이 헤어스타일은 너한테 잘 어울리네.**"라고 했더니 좋아하더라고요.

这个发型对你很　　　　　。

답 **合适**

这个发型怎么样？
Zhège fàxíng zěnmeyàng?
이 헤어스타일 어때?

这个发型对你很合适。
Zhège fàxíng duì nǐ hěn héshì.
이 헤어스타일 너한테 잘 어울리네.

♥ ◯ ▽ 　　　　　•••••• •　　　　　🔖

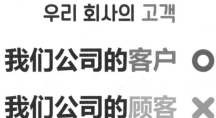

우리 회사의 고객

我们公司的客户 〇

我们公司的顾客 ✕

그분은 누구셔?

그분은 우리 회사 VIP 고객(顾客)이셔.

아, 회사 고객이구나. 그런데 회사랑 거래가 오고 가는 업무 관계일 땐 客户(거래처, 고객)라고 해야 해.

아, 그렇구나! 顾客랑 客户 둘 다 '고객'인 줄 알았는데, 차이점이 있었구나. 다음부턴 잘 구별해서 써야겠다!

客户 kèhù [명사] 고객, 거래처

◉ 돈이나 어떤 가치가 있는 물건으로 주고받는 상인과 구매자의 관계를 의미해요.

他是我们公司的客户。
Tā shì wǒmen gōngsī de kèhù.
그분은 우리 회사 고객이야.

我下午要去拜访客户。
Wǒ xiàwǔ yào qù bàifǎng kèhù.
나는 오후에 거래처에 가야 해.

顾客 gùkè [명사] 고객, 손님

◉ 보통 식당, 옷 가게, 백화점 등에서 사용할 수 있어요.

店里顾客很少。
Diàn li gùkè hěn shǎo.
가게에 손님이 많이 없어.

不好意思，顾客很多，让您久等了。
Bùhǎoyìsi, gùkè hěn duō, ràng nín jiǔ děng le.
죄송합니다. 손님이 많아서 오래 기다리셨죠.

公司 gōngsī 회사 下午 xiàwǔ 오후 拜访 bàifǎng 방문하다 店 diàn 가게 让 ràng ~하게 하다 久 jiǔ 오랫동안 等 děng 기다리다

○ 빈칸에 우리말 뜻에 맞는 중국어를 써 보세요.
○ 미니 대화문을 세 번씩 듣고 따라하며 내 것으로 만들어 보세요.

(((🔊))) "이 마카롱 가게는 주변이 전부 회사라서, 직장인들이 퇴근하는 길에 많이 사 가더라고. 그래서 보통 오후 시간대에는 **가게에 손님이 많이 없어.**"

店里　　　　很少。

답 **顾客**

下午去人多吗?

Xiàwǔ qù rén duō ma?

오후에 가면 사람 많아?

一般下午店里顾客很少。

Yìbān xiàwǔ diàn li gùkè hěn shǎo.

보통 오후에는 가게에 손님이 많이 없어.

♥ ○ ▽　　　　　　🔖

제가 카페에서 남자분과 함께 커피를 마시고 있었어요. 그 모습을 본 친구가 제게 남자 친구가 생겼냐고 질문하길래 **"그분은 우리 회사 고객이야."** 라고 말했더니 아쉬워하는 표정을 짓더라고요.

他是我们公司的 _____。

답 客户

他是谁啊?
Tā shì shéi a?
저 사람 누구야?

他是我们公司的客户。
Tā shì wǒmen gōngsī de kèhù.
그분은 우리 회사 고객이야.

근데 우리는 가고 싶어.

但是我们还是想去。 ⭕

不过我们还是想去。 ❌

내일 만리장성 갈 거야? 날씨가 좀 추울 거 같긴 해.

당연하지! 그래도 혹시 모르니까 다른 애들한테도 한번 물어보자!

내가 애들한테 물어볼게. 이렇게 말하면 될까?
"尽管明天天气很冷,不过我们还是想去,你们呢? (내일 (날씨가) 춥더라도 근데 우리는 가고 싶은데, 너희는?)"

그렇게 말하면 어색해! **不过** 대신 **但是**를 써서 말하면 돼.
但是이 단호한 느낌의 어투를 갖고 있거든. 참고로 尽管(설령 ~라 하더라도)과 같이 쓰기도 해.

但是 dànshì [접속사] 그런데, 그러나, 하지만

○ 주로 문어체에서 사용하며 상대적으로 단호한 느낌의 어투예요. 앞 절보다 뒷 절의 내용을 더 강조하는 역할을 하며 **虽然, 尽管**과 같이 쓸 수 있어요.

他虽然学习很努力，但是成绩一直不怎么样。
Tā suīrán xuéxí hěn nǔlì, dànshì chéngjì yìzhí bù zěnmeyàng.
걔는 공부를 열심히 하지만, 성적은 계속 부진했어.

虽然我不会说汉语，但是很想去。
Suīrán wǒ búhuì shuō hànyǔ, dànshì hěn xiǎng qù.
나는 중국어를 할 줄 모르지만, 정말 가고 싶어.

不过 búguò [접속사] 그러나, 그런데, 하지만

○ 구어체, 문어체에서 모두 쓸 수 있으며 단호하거나 딱딱한 느낌보다는 가벼운 느낌의 어투예요. 보충의 역할을 하며 **虽然, 尽管**과 같이 쓸 수 없어요.

不过比以前好多了。
Búguò bǐ yǐqián hǎo duō le.
근데 예전보다 많이 좋아졌어.

他学习很努力，不过成绩不好。
Tā xuéxí hěn nǔlì, búguò chéngjì bù hǎo.
걔는 공부를 열심히 하는데, 성적이 안 좋아.

虽然 suīrán 비록 ~하지만 尽管 jǐnguǎn 설령 ~라 하더라도 努力 nǔlì 열심이다 成绩 chéngjì 성적 一直 yìzhí 계속 不怎么样 bù zěnmeyàng 별로다 好多了 hǎo duō le 많이 좋아졌다

콩닥콩닥 실제상황

🔊 080 ㅇㅇㅇ

○ 빈칸에 우리말 뜻에 맞는 중국어를 써 보세요.
○ 미니 대화문을 세 번씩 듣고 따라하며 내 것으로 만들어 보세요.

《 🔔 》 요새 중국 충칭 마라탕과 훠궈의 맛에 빠진 저는 중국 충칭의 매운 음식들을 맛보고 싶어졌어요. **비록 제가 중국어는 못하지만, 정말 가고 싶어요.**

虽然我不会说汉语， 很
想去。

답 但是

你想去重庆旅游吗？
Nǐ xiǎng qù Chóngqìng lǚyóu ma?
충칭(으로) 여행 가고 싶어?

虽然我不会说汉语，但是很想去。
Suīrán wǒ búhuì shuō hànyǔ, dànshì hěn xiǎng qù.
비록 내가 중국어는 못하지만, 정말 가고 싶어.

♥ 🗨 ▽ 🔖

아내는 제가 담임하고 있는 반의 단체 사진을 보더니, 한 학생을 가리키며 요즘에도 자주 지각하냐고 물어봤어요. 이에 저는 "지각하지, **근데 예전보다 많이 좋아졌어.**"라고 대답했어요.

　　　　　比以前好多了。

답 **不过**

他还经常迟到吗?
Tā hái jīngcháng chídào ma?
그 아이 아직도 자주 지각해?

嗯，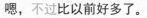不过比以前好多了。
Èng, búguò bǐ yǐqián hǎo duō le.
응. 근데 예전보다 많이 좋아졌어.

迟到 chídào 지각하다

CASE 41~45

CASE 41 **식당을 예약해요.**

预订 **VS** 预定

CASE 42 **나 진짜로 술을 못 마셔.** (어쩔 수 없이 못 마시는 상황)

实在 **VS** 确实

CASE 43 **일단 훠궈 먹고, 그다음에 영화 보러 가자.**

然后 **VS** 后来

CASE 44 **작년부터 올해까지**

从 **VS** 自从

CASE 45 **나는 중국 문화에 대해 관심이 많아.**

对于 **VS** 关于

   ● ● ● ● ● ●

♥ 10,540

#헷갈리는 유의어 맥락 속 답 찾기 #뜻이 같아서 헷갈리는 중국어
#비슷하게 생겨서 헷갈리는 중국어 #잘할 수 있어 #이젠 문제 없어

식당을 예약해요.

预订一个餐厅。 ○

预定一个餐厅。 ✕

'식당을 예약하고 싶어요'라고 말하고 싶을 땐 预订(예약하다)과 预定(예약하다) 중에 어떤 걸 써야 해?

어떠한 서비스를 사전에 미리 확인하고 예약하는 거니까 预订을 써서 말해.

그럼 预订一个餐厅(식당을 예약하다)라고 하면 되겠구나! 근데 预定은 왜 안 되는 거야?

사실 둘 다 의미도 같고 서로 바꿔 써도 상관 없는데. 다른 점이 있다면 预定은 시간과 같이 쓸 때가 많아.

预订 yùdìng [동사] 예약하다, 주문하다

○ 호텔, 식당, 비행기표, 기차표 등을 미리 예약, 구매하는 것을 의미해요.
실생활에서 预订을 습관적으로 더 자주 사용해요.

帮我预订一张机票。
Bāng wǒ yùdìng yì zhāng jīpiào.
비행기표 한 장 예매해 줘.

请帮我预订一个餐厅吧。
Qǐng bāng wǒ yùdìng yí ge cāntīng ba.
식당 좀 예약해 줘.

预定 yùdìng [동사] 예약하다, 예정하다

○ 预订과 같이 호텔, 식당, 비행기표, 기차표 등을 예약할 때 사용할 수
있어요. 하지만 어떤 활동이나 회의처럼 미리 시간을 정하는 경우에는
预订과 바꿔 쓸 수 없어요.

按预定时间进行。
Àn yùdìng shíjiān jìnxíng.
예정대로 진행해요.

婚礼按预定计划进行。
Hūnlǐ àn yùdìng jìhuà jìnxíng.
결혼식은 계획대로 진행해요.

帮 bāng 도와주다 机票 jīpiào 비행기표 餐厅 cāntīng 식당 按 àn ~대로 时间 shíjiān 시간 进行 jìnxíng
진행하다 婚礼 hūnlǐ 결혼식 计划 jìhuà 계획

○ 빈칸에 우리말 뜻에 맞는 중국어를 써 보세요.
○ 미니 대화문을 세 번씩 듣고 따라하며 내 것으로 만들어 보세요.

(( )) 과장님께 회의 발표자가 아직도 오고 있는 중이라고 보고를 드렸어요. 그랬더니 과장님이 "기다리지 말고, **예정대로 진행합시다.**"라고 하셨어요.

按　　　　　时间进行。

답 预定

李科长，我们再等等吗？
Lǐ kēzhǎng, wǒmen zài děngdeng ma?
이 과장님. 좀 더 기다려야 할까요?

不等了，按预定时间进行。
Bù děng le, àn yùdìng shíjiān jìnxíng.
기다리지 말고. 예정대로 진행합시다.

❤ Q ▽　　　•••••••　　　🔖

이전에 중국 친구들이 위챗(중국 메신저 어플)으로 비행기표 사는 걸 본 적이 있어요. 그래서 중국 친구에게 **"나 비행기표 한 장 예매해 줘."**라고 부탁을 했어요.

帮我 _____ 一张机票。

답 **预订**

帮我预订一张机票，好吗？
Bāng wǒ yùdìng yì zhāng jīpiào, hǎo ma?
나 비행기표 한 장 예매해 줘. 응?

没问题。
Méi wèntí.
알겠어(문제없지).

♥ ◯ ▽　　　　　　　　　　🔖

나 **진짜로** 술을 못 마셔.
(어쩔 수 없이 못 마시는 상황)

我**实在**不会喝酒。 ○
我**确实**不会喝酒。 ✕

합격한 기념으로 맥주 한 잔 하러 가자!

나도 정말 마시고 싶은데. 요즘에 약을 먹고 있어서 진짜로
(确实) 못 마셔.

아. 그렇구나! 그런데 지금처럼 네가 어쩔 수 없이 술을 마시
지 못하는 상황이나 처지를 표현하고 싶을 땐 实在를 써서
말하면 돼.

아. 그럼 "我实在不会喝酒。(나 진짜로 술을 못 마셔.)"라고
말해야 하는 거구나! 중국어 진짜 어렵다. 그래도 포기하지
않고 끝까지 해 볼 거야!

实在 shízài [부사] 정말 [형] 성실하다, 진실하다

○ 부사로 사용될 땐 동작을 수식하여 '어쩔 수 없는 상황이나 처지'를 나타내요. 형용사로 사용될 땐 '선량하다. 성실하다. 단순하다'와 같은 의미로 사람의 성격을 묘사할 수 있어요.

不好意思，我实在不能喝酒。
Bùhǎoyìsi, wǒ shízài bùnéng hē jiǔ.
죄송합니다. 제가 술을 정말 못 마셔요. (정말 마시고 싶지만 마실 수 없는 상황)

我的男朋友很实在。
Wǒ de nánpéngyou hěn shízài.
내 남자 친구는 매우 성실해.

确实 quèshí [부사] 정말로, 틀림없이 [형] 확실하다

○ 부사로 사용될 땐 '그 일이 사실이라는 게 틀림없다'라는 의미를 나타내며. 형용사로 사용될 땐 这个消息很确实。(이 소식은 진짜야.)와 같이 '진실'을 의미해요.

他确实不能喝啤酒。
Tā quèshí bùnéng hē píjiǔ.
걔는 진짜 맥주를 못 마셔요. (술을 아예 못 마신다)

他的英语确实好。
Tā de yīngyǔ quèshí hǎo.
걔는 영어 진짜 잘해.

不好意思 bùhǎoyìsi 죄송합니다 酒 jiǔ 술

○ 빈칸에 우리말 뜻에 맞는 중국어를 써 보세요.
○ 미니 대화문을 세 번씩 듣고 따라하며 내 것으로 만들어 보세요.

((🔈)) 제 중국 친구는 맥주만 마셨다 하면 잠들어 버려요. 거짓말이
아니라 **걔는 진짜 못 마셔요.**

他　　　　　不能喝。

 답 确实

他不能喝啤酒吗?
Tā bùnéng hē píjiǔ ma?
걔 맥주 못 마셔?

真的，他确实不能喝。
Zhēn de, tā quèshí bùnéng hē.
진짜라니깐. 걔 진짜 못 마셔.

❤ 💬 ⊿　　　• • • • • •　　　🔖

真的 zhēn de 진짜

하루는 사장님이 같이 술 한잔 하자고 하셨어요. 그런데 저는 술만 마시면 얼굴이 빨개지고, 심장이 너무 빨리 뛰어요. 그래서 말했죠. "사장님, 저도 마시고 싶은 마음은 굴뚝 같지만 **제가 정말 술을 못 마셔요.**"

我 ⬜⬜⬜ 不能喝酒。

답 **实在**

我**实在**不能喝酒。
Wǒ shízài bùnéng hē jiǔ.
제가 정말 술을 못 마셔요.

没事，这是雪碧。
Méishì, zhè shì xuěbì.
이건 사이다니까 괜찮아.

♥ ○ ▽   🔖

일단 훠궈 먹고,
그다음에 영화 보러 가자.

先吃火锅然后去看电影吧。〇

先吃火锅后来去看电影吧。✕

내일 국경절이라 수업도 없는데. 우리 놀러 갈까?

좋지! 그러면 일단 훠궈 먹고, 그다음에(后来) 영화 보러 가자!
어때?

그렇게 하자! 그런데. 훠궈 먹고 바로 영화를 보러 가는
거니까 然后(그다음에)를 써서 말해. 보통 先 A 然后 B(A하고
나서 B를 하다)와 같이 짝을 이뤄서 말하는데 동작 발생 순서
를 강조해.

그렇구나! 훠궈 먹고 바로 영화를 보러 가는 거니까 然后를
쓰는 거구나.

然后 ránhòu [접속사] 그다음에, 그러고 나서

○ 과거, 미래 모두 사용 가능하며, 동작이나 상황 발생의 순서를 강조해요.
　※ 先~ 然后~

先买票，然后再去王府井吧。
Xiān mǎi piào, ránhòu zài qù wángfǔjǐng ba.
우선 표를 사고 (그러고 나서) 왕푸징에 가자.

我们先做作业，然后去看电影吧。
Wǒmen xiān zuò zuòyè, ránhòu qù kàn diànyǐng ba.
우리 일단 숙제를 하고 (그러고 나서) 영화를 보러 가자.

后来 hòulái [명사] 그다음에, 나중

○ 시간 명사로 과거에 이미 발생한 일에 사용해요. 시간의 선후(처음에/나중에)를 강조하며, 앞에 발생한 일과 뒤에 발생한 일이 시간의 거리가 있음을 나타내요.
　※ 开始~ 后来~

开始不喜欢他，后来喜欢上他了。
Kāishǐ bù xǐhuan tā, hòulái xǐhuan shàng tā le.
처음엔 그 사람을 안 좋아했는데, 나중에는 그 사람이 좋아졌어.

我在首尔工作了两年，后来去了北京。
Wǒ zài Shǒu'ěr gōngzuò le liǎngnián, hòulái qù le Běijīng.
나는 서울에서 2년 동안 일했고, 나중에는 북경으로 갔지.

先 xiān 우선 开始 kāishǐ 처음 喜欢上 xǐhuan shàng 좋아지다 工作 gōngzuò 일하다 北京 Běijīng 북경

○ 빈칸에 우리말 뜻에 맞는 중국어를 써 보세요.
○ 미니 대화문을 세 번씩 듣고 따라하며 내 것으로 만들어 보세요.

((🔊)) "연말이라 영화표가 매진될 수도 있으니까, **우선 표를 사고 나서 왕푸징에 가자.**"

先买票,　　　　　　再去王府井吧。

답 然后

怎么办? 电影票快卖完了。
Zěnme bàn? Diànyǐngpiào kuài mài wán le.
어떡하지? 영화표 곧 매진이야.

先买票，然后再去王府井吧。
Xiān mǎi piào, ránhòu zài qù wángfǔjǐng ba.
우선 표를 사고 나서 왕푸징에 가자.

 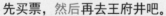

电影票 diànyǐngpiào 영화표　快~了 kuài ~ le 곧 ~이다　卖完 mài wán 매진되다

202

"처음 만났을 땐 내 이상형이 아니라서 관심이 없었어. 그래서 **처음엔 그 사람을 안 좋아했는데, 나중에는 그 사람이 좋아졌어.**"

开始不喜欢他，⬛⬛⬛⬛ 喜欢上他了。

답 后来

你什么时候喜欢上他的?
Nǐ shénme shíhou xǐhuan shàng tā de?
넌 언제 그 사람을 좋아하게 됐어?

开始不喜欢他，后来喜欢上他了。
Kāishǐ bù xǐhuan tā, hòulái xǐhuan shàng tā le.
처음엔 그 사람을 안 좋아했는데. 나중에는 그 사람이 좋아졌어.

작년부터 올해까지.

从去年到今年。  ○

自从去年到今年。 ✕

 다른 나라에서 일해 본 적 있어?

응. 중국으로 유학 오기 전에 작년부터(自从) 올해까지 계속 호주에서 일을 했어.

 우아. 멋진데? 근데. 지금과 같이 작년부터 올해까지라고 말할 땐 从A到B(A부터 B까지)와 같이 말하면 돼.
그럼 从去年到今年이 되겠지?

아. A부터 B까지라고 할 땐 从를 써서 말하는 구나! 역시 넌 나의 최고의 중국어 선생님이라니깐!

从 cóng **[개사]** ~에서, ~부터

○ 从 뒤에는 과거. 현재. 미래를 나타내는 시간 및 장소. 범위가 올 수 있어요.

※ 从 A 到 B

从明天开始，我要早点儿起床。
Cóng míngtiān kāishǐ, wǒ yào zǎodiǎnr qǐchuáng.
난 내일부터 일찍 일어날 거야.

从家到学校很近。
Cóng jiā dào xuéxiào hěn jìn.
집에서 학교까지 (매우) 가까워.

自从 zìcóng **[개사]** ~에서, ~부터

○ 自从 뒤에는 과거를 나타내는 시간만 올 수 있어요.

自从今年11月以后，我没见过他。
Zìcóng jīnnián shíyī yuè yǐhòu, wǒ méi jiànguo tā.
올해 11월 이후로 그 친구를 본 적이 없어.

自从高中毕业后，我没联系过他们。
Zìcóng gāozhōng bìyè hòu, wǒ méi liánxìguo tāmen.
고등학교 졸업 이후로 걔네들이랑 연락을 해 본 적이 없어.

从~开始 cóng ~ kāishǐ ~부터 시작하다 起床 qǐchuáng 기상하다 以后 yǐhòu 이후 高中 gāozhōng
고등학교 毕业 bìyè 졸업하다 联系 liánxì 연락하다

○ 빈칸에 우리말 뜻에 맞는 중국어를 써 보세요.
○ 미니 대화문을 세 번씩 듣고 따라하며 내 것으로 만들어 보세요.

(( )) 친구가 매일 아침마다 일찍 일어나서 책을 읽었더니 삶에 활력
이 생겼다고 했어요. 저도 **내일부터 일찍 일어날 거예요.**

明天开始，我要早点儿
起床。

답 **从**

从明天开始，我要早点儿起床。
Cóng míngtiān kāishǐ, wǒ yào zǎodiǎnr qǐchuáng.
난 내일부터 일찍 일어날 거야.

真的假的?
Zhēn de jiǎ de?
진짜야?

♥ ◯ ▽   🔖

"그 친구를 최근에 본 적이 있냐고? 그 친구가 이곳을 11월에 관뒀으니까, **올해 11월 이후로 그 친구를 본 적이 없어.**"

今年11月以后，我没见过他。

🔳 自从

最近你见过他吗?
Zuìjìn nǐ jiànguo tā ma?
요즘 (너) 그 친구 본 적 있어?

 自从今年11月以后，我没见过他。
Zìcóng jīnnián shíyī yuè yǐhòu, wǒ méi jiànguo tā.
올해 11월 이후로 그 친구를 본 적이 없어.

나는 중국 문화에 대해 관심이 많아.

我对于中国文化很感兴趣。 O

我关于中国文化很感兴趣。 ✕

내일 중국 문화 축제가 열린다고 하던데. 같이 구경갈래?

오, 좋아! 내가 중국 문화에 대해 관심 진짜 많거든(我关于中国文化很感兴趣)!

잘됐다! 그런데. 关于는 주어 뒤에 못 써. 그래서 중국 문화에 대해 관심 진짜 많다고 말할 땐 我对于中国文化很感兴趣라고 해.

아하, 주어 뒤에 쓸 수 있는 对于로 말해야 하는 구나!

对于 duìyú [개사] ~에 대해, ~에 대하여

○ 对于는 동작의 대상을 나타내요. 부사어로 사용될 때 주어의 앞 뒤에 모두 쓸 수 있어요.

对于这件事情很感兴趣。 (주어 앞에 사용)
Duìyú zhè jiàn shìqing hěn gǎn xìngqù.
이 일에 대해 정말 관심이 많아.

这份工作**对于**我来说很重要。 (주어 뒤에 사용)
Zhè fèn gōngzuò duìyú wǒ lái shuō hěn zhòngyào.
이 일은 나한테 중요해.

关于 guānyú [개사] ~에 관해서, ~에 관한

○ 동작과 관련된 사물 또는 범위를 나타내요. 주로 문장 앞에 사용하며, 주어 뒤에는 쓸 수 없어요. 때로는 관형어 역할을 하기도 해요.

关于这些方面，我知道得不多。 (문장 앞에 사용)
Guānyú zhèxiē fāngmiàn, wǒ zhīdào de bù duō.
난 이 부분에 대해 아는 게 별로 없어.

我们找了许多**关于**中国文化的图片。 (관형어 역할)
Wǒmen zhǎo le xǔduō guānyú Zhōngguó wénhuà de túpiàn.
우리는 중국 문화와 관련된 그림을 많이 찾았어.

感兴趣 gǎn xìngqù 흥미를 느끼다 **份** fèn 일을 세는 수량 **工作** gōngzuò 일 **重要** zhòngyào 중요하다
方面 fāngmiàn 방면 **许多** xǔduō 대단히 많은 **文化** wénhuà 문화 **图片** túpiàn 그림

○ 빈칸에 우리말 뜻에 맞는 중국어를 써 보세요.

○ 미니 대화문을 세 번씩 듣고 따라하며 내 것으로 만들어 보세요.

《◉》 친구가 "중국에 온 지 얼마 안 돼서 **난 이 부분에 대해 아는 게 별로 없어.**"라면서 중국에서 사업을 하고 싶은데 어떻게 시작해야 할지 막막하다며 저에게 도움을 요청했어요.

这些方面，我知道得不多。

답 关于

关于这些方面，我知道得不多。
Guānyú zhèxiē fāngmiàn, wǒ zhīdào de bù duō.
난 이 부분에 대해 아는 게 별로 없어.

没事，我教你。
Méishì, wǒ jiāo nǐ.
괜찮아. 내가 가르쳐 줄게.

♥ ♡ ◁   • • • • • •   🔖

教 jiāo 가르치다

"환경 보호에 대한 기업의 사회적 책임이 대두되고 있어서 그런지 **걔는 이 일에 대해 정말 관심이 많아.**"

他 　　　　 这件事情很感兴趣。

답 对于

他对于这件事情很感兴趣。你呢?
Tā duìyú zhè jiàn shìqing hěn gǎn xìngqù. Nǐ ne?
걔는 이 일에 대해 정말 관심이 많아. 너는?

我也是。
Wǒ yě shì.
나도.

CASE
46~50

헷갈리는 중국어 유의어

CASE 46 **학교 구경하자.**

参观 **VS** 访问

CASE 47 **집에 오는 길에 사다 줘.**

顺便 **VS** 顺路

CASE 48 **일부러 너를 위해서 주문한 거야.**

特意 **VS** 故意

CASE 49 **못 알아들었어.** (말이 너무 빨라서)

没听懂 **VS** 听不懂

CASE 50 **제발 나를 믿어 줘.**

千万 **VS** 万万

   ● ● ● ● ● ●

♥ 10,540

#헷갈리는 유의어 맥락 속 답 찾기 #뜻이 같아서 헷갈리는 중국어
#비슷하게 생겨서 헷갈리는 중국어 #잘할 수 있어 #이젠 문제 없어

학교 구경하자.

参观学校吧。 ○

访问学校吧。 ✕

 오늘 수업 끝나고 내가 다니던 학교 구경하러(访问) 가기로 한 것 기억하고 있지?

물론, 기억하지! 그런데, 금방 말한 것처럼 구경한다고 말할 땐 访问이라고 하면 안 돼.

 그래? 그럼 뭐라고 해야 하는데?

访问은 중국 주석이 방한할 때처럼 주로 공식적인 방문에 사용하고, 어떤 장소를 구경하러 갈 땐 参观이라고 말 해. 헷갈리지 않게 기억해 둬!

参观 cānguān **[동사]** 참관하다, 구경하다

○ 어떤 장소를 보러 가거나, 어떤 장소의 사물을 보러 갈 때 사용해요.

我们参观了北京大学。
Wǒmen cānguān le běijīngdàxué.
우리는 북경대학교를 구경했어.

我带你参观一下博物馆吧。
Wǒ dài nǐ cānguān yíxià bówùguǎn ba.
내가 (너를 데리고 가서) 박물관 구경시켜 줄게.

访问 fǎngwèn **[동사]** 방문하다

○ 공식적인 방문 또는 어떤 장소에서 사람과 목적성 있는 대화를 나눌 때 사용해요.

什么时候访问北京大学的?
Shénme shíhou fǎngwèn běijīng dàxué de?
언제 북경대학교에 간 거야?

中国主席访问韩国。
Zhōngguó zhǔxí fǎngwèn Hánguó.
중국 주석이 방한해요.

带 dài 데리고 가다 博物馆 bówùguǎn 박물관 主席 zhǔxí 주석

○ 빈칸에 우리말 뜻에 맞는 중국어를 써 보세요.
○ 미니 대화문을 세 번씩 듣고 따라하며 내 것으로 만들어 보세요.

((📢)) "근처에 국립 박물관이 있는데, 오늘까지 특별전이 열린다고 하더라고. 관심 있으면 **내가 박물관 구경시켜 줄게.**"

我带你 ＿＿＿＿ 一下博物馆吧。

답 **参观**

我带你参观一下博物馆吧。
Wǒ dài nǐ cānguān yíxià bówùguǎn ba.
내가 박물관 구경시켜 줄게.

太好了！
Tài hǎo le!
잘 됐다!

♥ ◯ ▽　　　•••••• •　　　🔖

216

요즘 북경대학교 상황이 어떤지 지난주에 교수님들과 얘기를 나눴다고 친구에게 이야기했어요. 그랬더니 친구가 깜짝 놀라며 **"언제 북경대학교에 간 거야?"**라고 물어보더라고요.

什么时候 ⠀⠀⠀⠀ 北京大学的？

답 访问

什么时候访问北京大学的?
Shénme shíhou fǎngwèn běijīng dàxué de?
언제 북경대학교에 간 거야?

上周五。
Shàng zhōuwǔ.
지난주 금요일에.

 ⠀⠀

집에 오는 길에 물 좀 사다 줘. (걸어서 갈 때)

回家的路上顺便帮我买瓶水。 ○

回家的路上顺路帮我买瓶水。 ✕

 퇴근하고 집에 오는 길에(顺路) 물 좀 사다 줄 수 있을까?

물론이지! 지금 퇴근해서 집으로 걸어 가는 길이야! 그런데 지금과 같이 교통수단(버스, 자동차, 오토바이, 자전거 등)으로 가는 길이 아닌 걸어서 갈 땐 顺便이라고 해야 해.

 둘 다 뜻도 같아서 헷갈리네. 그럼 왜 顺路라고 하면 안 되는 거야?

顺路는 운전하면서 오는 길에 다른 곳도 잠깐 들릴 때 쓸 수 있거든.

顺便 shùnbiàn [부사] ~하는 김에, ~하는 길에

○ 어떤 일을 하는 김에 다른 부수적인 행동을 할 때 사용해요.

回家时顺便帮我买杯美式咖啡。
Huíjiā shí shùnbiàn bāng wǒ mǎi bēi měishì kāfēi.
집에 오는 김에 아메리카노 한 잔 사다 줘.

你回家时顺便帮我买点啤酒。
Nǐ huíjiā shí shùnbiàn bāng wǒ mǎi diǎn píjiǔ.
집에 오는 김에 맥주 좀 사다 줘.

顺路 shùnlù [부사] ~하는 길에, (돌지 않고) 바로 가다

○ 顺路가 '~하는 길에'의 의미일 때는 顺便으로 바꾸어 쓸 수 있어요. 보통 상대방이 부담을 느끼지 않도록 하기 위해 본인도 마침 가는 길이라고 말할 때 주로 사용해요.

我家也在东边，正好顺路送你回家。
Wǒ jiā yě zài dōngbian, zhènghǎo shùnlù sòng nǐ huíjiā.
우리 집도 동쪽에 있어. 마침 가는 길이니까 널 바래다줄게.

我走这条路顺路，那条路不顺路。
Wǒ zǒu zhè tiáo lù shùnlù, nà tiáo lù bú shùnlù.
이 길은 가는 길인데. 저 길은 가는 길이 아니야.

\# 美式咖啡 měishì kāfēi 아메리카노 **东边** dōngbian 동쪽 **正好** zhènghǎo 마침 **送** sòng 바래다주다

콩닥콩닥 실제상황

🔊 094 ⬜⬜⬜

- 빈칸에 우리말 뜻에 맞는 중국어를 써 보세요.
- 미니 대화문을 세 번씩 듣고 따라하며 내 것으로 만들어 보세요.

(🔊) 제 차를 타고 친구와 맛집으로 가던 길에, 친구가 저 길로 가야 맛집이 나온다고 다급하게 말하더라고요. 저는 늘 가던 길이라 "아니야, **이 길이 가는 길이고 저 길은 가는 길이 아니야.**"라고 자신 있게 말했어요.

走这条路 ，那条路不顺路。

답 顺路

这条路顺路吗?
Zhè tiáo lù shùnlù ma?
이 길이 가는 길이야?

走这条路顺路，那条路不顺路，
Zǒu zhè tiáo lù shùnlù, nà tiáo lù bú shùnlù.
이 길이 가는 길이고 저 길은 가는 길이 아니야.

♥ 〇 ▽　　　　🔖

"여보세요? 누나, 빠진 물건 가지러 집에 잠깐 들렸다가 약속 장소로 간다고 했지? 그럼, **집에 오는 김에 아메리카노 한 잔 사다 줘.**"

回家时 　　　　 帮我买杯美式咖啡。

답 顺便

回家时顺便帮我买杯美式咖啡。
Huíjiā shí shùnbiàn bāng wǒ mǎi bēi měishì kāfēi.
집에 오는 김에 아메리카노 한 잔 사다 줘.

好的。
Hǎo de.
알겠어.

일부러 너를 위해서 주문한 거야.

特意为你点的。○
故意为你点的。✗

 너 배탈 나서 매운 것 먹으면 안 되잖아. 그래서 일부러(故意) 안 매운 걸로 주문했어.

고마워! 그런데. 이건 네가 날 위해서 일부러(특별히) 주문해 준 거니까 特意라고 해야 해.

 음. 조금 더 쉽게 구분할 수 있는 방법이 있을까?

자. 故意는 누군가에게 '고의로' 나쁜 행동을 했을 때 쓰고. 特意는 누군가를 위해 '특별히' 호의를 베풀었을 때 사용해. 이렇게 구분하면 쉽지?

알쏭달쏭 유의어

◀))) 095 ☐☐☐

特意 tèyì [부사] 일부러, 특별히

○ 좋은 일을 위해 호의적인 태도로 계획을 하거나 목적을 이루고자 할 때 사용해요.

我特意带孩子去上海看爷爷奶奶。
Wǒ tèyì dài háizi qù Shànghǎi kàn yéye nǎinai.
(내가) 일부러 아이를 데리고 할머니, 할아버지를 뵈러 상해에 갔어.

我特意为你点了不辣的。
Wǒ tèyì wèi nǐ diǎn le bú là de.
(내가) 특별히 너를 위해서 안 매운 걸로 주문했어.

故意 gùyì [부사] 일부러, 고의로

○ 잘못이라는 걸 뻔히 알지만 어떤 목적을 달성하기 위해 고의로 행동을 하는 것을 의미해요. 주로 안 좋은 결과를 초래하는 경우에 사용해요.

我故意不给他打电话。
Wǒ gùyì bù gěi tā dǎ diànhuà.
(내가) 일부러 걔한테 전화 안 했어.

你是故意说出来的吧。
Nǐ shì gùyì shuō chūlái de ba.
너 일부러 얘기한 거지.

上海 Shànghǎi 상해 爷爷 yéye 할아버지 奶奶 nǎinai 할머니 为 wèi ~을 위하여 点 diǎn 주문하다 辣 là 맵다 说出来 shuō chūlái 말을 꺼내다

○ 빈칸에 우리말 뜻에 맞는 중국어를 써 보세요.
○ 미니 대화문을 세 번씩 듣고 따라하며 내 것으로 만들어 보세요.

(《😀》) 매운 음식을 못 먹는 친구가 있어요. 그 친구가 무슨 요리를 시켰냐고 물어보길래 **"내가 특별히 너를 위해서 안 매운 걸로 주문했어."**라고 했어요.

我 　　　 为你点了不辣的。

답 特意

我不爱吃辣的。
Wǒ bú ài chī là de.
난 매운 거 안 좋아해.

你看，我特意为你点了不辣的。
Nǐ kàn, wǒ tèyì wèi nǐ diǎn le bú là de.
봐봐. 내가 특별히 (너를 위해서) 안 매운 걸로 주문했어.

 ·······

辣的 là de 매운 거

제가 남자 친구와 말다툼을 한 후 전화해서 바로 사과하지 않는 이유를 친구가 물어봤어요. 그래서 제가 "우리는 전화로 얘기하면 항상 싸워. 직접 만나서 얘기하고 싶어서 **일부러 걔한테 전화를 안 한 거야.**"라고 말했어요.

我 〔　　　〕 不给他打电话。

답 **故意**

为什么不打电话?
Wèishénme bù dǎ diànhuà?
왜 전화 안 해?

我故意不给他打电话。
Wǒ gùyì bù gěi tā dǎ diànhuà.
난 일부러 걔한테 전화 안 한 거야.

为什么 wèishénme 왜

못 알아들었어. (말이 너무 빨라서)

没听懂。 O
听不懂。 ✗

 미안, 방금 네가 무슨 말 했는지 못 알아들었어(听不懂).

일본어 할 줄 아는 게 아니었어?

 할 줄 알지! 방금 네가 마지막에 너무 빨리 말해서 그 부분만 못 알아들었어.

아, 일본어로 말할 땐 천천히 말할게! 그런데 말이 너무 빨라서 부분적으로 못 알아 들었을 땐 没听懂(못 알아들었다)이 라고 하면 돼. 听不懂은 아는 분야나 언어가 아니라서 전체적으로 아에 못 알아 들겠다는 의미거든.

알쏭달쏭 유의어

没听懂 méi tīngdǒng 못 알아들었다

○ 예를 들어, 중국어를 배워서 조금은 할 줄 알지만, 중국 사람들이 말하
는 속도가 너무 빠르거나 어려워서 중간중간 못 알아들었을 때 쓸 수
있는 표현이에요.

前面说的我没听懂。
Qiánmiàn shuō de wǒ méi tīngdǒng.
앞 부분에 말한 거 (나는) 못 알아들었어.

没听懂第一句话。
Méi tīngdǒng dì yī jù huà.
첫 마디를 못 알아들었어.

听不懂 tīngbudǒng 못 알아듣다, 알아들을 수 없다

○ 예를 들어, 중국 여행을 갔을 때 중국어를 할 줄 몰라서 하나도 못 알
아들었을 때 쓸 수 있는 표현이에요.

我听不懂汉语。
Wǒ tīngbudǒng hànyǔ.
난 중국어 못 알아들어.

我听不懂方言。
Wǒ tīngbudǒng fāngyán.
난 사투리 못 알아들어.

前面 qiánmian 앞 (부분) 第一句话 dì yī jù huà 첫 마디 方言 fāngyán 사투리

○ 빈칸에 우리말 뜻에 맞는 중국어를 써 보세요.
○ 미니 대화문을 세 번씩 듣고 따라하며 내 것으로 만들어 보세요.

《 🌀 》 친구가 중국 사투리도 알아들을 수 있냐고 물어봤어요. 그래서
　　　제가 "중국 표준어는 알아들을 수 있는데, **사투리는 못 알아들**
　　　어."라고 대답했어요.

我　　　　　方言。

답 听不懂

 你听得懂吗?
Nǐ tīngdedǒng ma?
너 알아들을 수 있어?

我听不懂方言。
Wǒ tīngbudǒng fāngyán.
나(는) 사투리는 못 알아듣겠어.

♥ Q ▽　　　•••••• •　　　🔖

听得懂 tīngdedǒng 알아들을 수 있다

"너 말 진짜 빠르다. **앞 부분에 말한 건 못 알아들었어.** 근데 뒷 부분은 천천히 말해서 알아들었어."

前面说的我 　　　　　。

답 **没听懂**

你听懂了吗?
Nǐ tīng dǒng le ma?
넌 알아들었어?

前面说的我没听懂。
Qiánmiàn shuō de wǒ méi tīngdǒng.
앞 부분에 말한 건 못 알아들었어.

 ......

제발 **나를 믿어 줘.**

千万要相信我。 ○

万万要相信我。 ✕

너 오늘도 학원에 안 가고 친구들이랑 놀러 다녔지? 계속
이러면 놀러 다니는 거 사진 찍어서 선생님한테 보낸다!

오늘은 진짜로 중국어 수업 들었어! 제발(万万) 믿어 줘!

엇. 수업 들었다는 것을 제발 믿어 달라는 말이지? 万万은
'제발'이라는 뜻이 없고. 부정문에서만 사용해서 万万要相信
我라는 표현이 아예 없거든. 이럴 땐 긍정문에서 쓸 수 있는
千万을 써서 말하면 돼.

맞아. 내가 수업 들으러 학원에 갔다는 것을 믿어 달란 거였어.
그럴 땐 "千万要相信我! (제발 믿어 줘!)"라고 말해야 되는구나.

230

千万 qiānwàn [부사] 절대로, 제발, 꼭

- 간절하게 부탁하거나 당부를 할 때 사용하며, 주로 명령문에 사용해요.
  긍정문, 부정문에서 모두 사용할 수 있어요. (* '절대로'라는 의미로 쓰
  일 땐 부정문으로만 사용 가능)
  ※ 千万 + 要/不要 + 동사

千万不要迟到。
Qiānwàn búyào chídào.
절대로 지각하면 안 돼.

你明天千万要来学校啊!
Nǐ míngtiān qiānwàn yào lái xuéxiào a!
(너) 내일 학교에 꼭 와야 해!

万万 wànwàn [부사] 절대로, 전혀

- 주로 구어체에 사용하며, 千万보다 강한 어감을 나타내요. 万万은 부
  정문에서만 사용할 수 있어요.
  ※ 万万 + 不/没

我万万没想到他来上海。
Wǒ wànwàn méi xiǎng dào tā lái Shànghǎi.
난 걔가 상해로 올 줄 전혀 생각지도 못했어.

你万万不能同意啊!
Nǐ wànwàn bùnéng tóngyì a!
너는 절대로 동의하면 안 돼!

同意 tóngyì 동의하다

⊙ 빈칸에 우리말 뜻에 맞는 중국어를 써 보세요.
⊙ 미니 대화문을 세 번씩 듣고 따라하며 내 것으로 만들어 보세요.

(🔔) "새로운 도전을 위해 본업을 포기하면서까지, **난 그 친구가 상해로 올 줄 전혀 생각지도 못했어.**"

我 　　　　 没想到他来上海。

답 **万万**

他来上海了!
Tā lái Shànghǎi le!
그 친구가 상해로 왔어!

我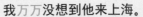没想到他来上海。
Wǒ wànwàn méi xiǎng dào tā lái Shànghǎi.
난 그 친구가 상해에 올 줄은 전혀 생각지도 못했어.

♥ ♡ ▽　　　　　　🔖

232

"우리 내일 아침 9시에 기차역 앞에서 모이는 거야! 9시 기차 놓치면 다음 기차는 없으니까, **절대로 지각하면 안 돼.**"

不要迟到。

답 **千万**

千万不要迟到。
Qiānwàn búyào chídào.
절대로 지각하면 안 돼.

放心吧。
Fàngxīn ba.
걱정 마.

 ‥‥‥‥‥‥

헷갈리는 중국어 유의어

CASE
01~50

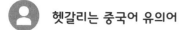
헷갈리는
중국어
유의어 표현
200

   ● ● ● ● ● ● ●

♥ 10,540

#헷갈리는 유의어 맥락 속 답 찾기 #뜻이 같아서 헷갈리는 중국어
#비슷하게 생겨서 헷갈리는 중국어 #잘할 수 있어 #이젠 문제 없어

REVIEW&CHECK

헷갈리는 중국어 유의어 표현 200

① 교재에서 배운 모든 표현들을 한눈에 훑어보며 복습해 보아요.
② 생각나지 않는 표현이 있을 경우 박스(□)에 체크 표시를 해둔 뒤
  표현이 나와 있는 페이지로 돌아가서 다시 복습해 보세요.

13 □ **地面很烫。**
바닥이 뜨거워.
29

14 □ **小心烫!**
뜨거우니까 조심해!
29

15 □ **今天天气很热。**
오늘 날씨가 더워.
29

16 □ **不冷也不热。**
춥지도 않고 덥지도 않네.
29

17 □ **妈妈很懂我。**
엄마는 나를 잘 알아.
33

18 □ **哥哥很懂电脑。**
형은 컴퓨터를 잘 다뤄.
33

19 □ **你知道这件事吗?**
(너는) 이 일에 대해 알고 있어?
33

20 □ **你知道去地铁站怎么走?**
(너는) 지하철역에 어떻게 가는지 알아?
33

21 □ **这两条裤子怎么样?**
이 바지 두 벌 어때?
39

22 □ **这是两万元。**
이건 2만 위안이에요.
39

23 □ **我在二楼。**
나 2층에 있어.
39

24 □ **这不是两万二千元。**
이건 22,000위안이 아니에요.
39

REVIEW&CHECK

38	☐	今天有点儿冷。 오늘은 좀 춥네.	55
39	☐	请你说慢（一）点儿。 조금 천천히 말씀해 주세요.	55
40	☐	我今天吃了（一）点儿苹果。 난 오늘 사과 좀 먹었지.	55
41	☐	这杯开水太烫了。 이 끓인 물 너무 뜨거워.	61
42	☐	中国人喜欢喝开水。 중국 사람들은 끓인 물 마시는 거 좋아해.	61
43	☐	现在没有热水，只有冷水。 지금 뜨거운 물은 안 나오고 차가운 물만 나와.	61
44	☐	冬天我喜欢用热水洗澡。 나는 겨울에 뜨거운 물로 샤워하는 걸 좋아해.	61
45	☐	今年中秋节我不回家。 올해 추석에는 집(고향)에 안 가.	65
46	☐	这个考试不难。 이 시험은 안 어려워.	65
47	☐	他去过北京，我没去过。 걔는 북경에 가 본 적이 있는데. 나는 가 본 적이 없어.	65
48	☐	我没学过英语。 난 영어를 배워 본 적이 없어.	65
49	☐	我问过姐姐几次。 내가 언니한테 여러 번 물어봤어.	69
50	☐	我去过杭州两次。 나는 항저우에 두 번(여러 번) 가 봤어.	69

REVIEW&CHECK

51	☐	这个电影已经看过三遍了。 이 영화 이미 세 번 봤어.	69
52	☐	老师问过两遍。 선생님이 두 번(여러 번) 물어보셨어.	69
53	☐	红的或者白的我都喜欢。 빨간 거나 하얀 거 (나는) 다 좋아.	73
54	☐	星期六或者星期天，我都有空。 토요일이나 일요일에 나는 일정이 다 비어 있어.	73
55	☐	你喜欢汉语还是英语? 너(는) 중국어 좋아해 아니면 영어 좋아해?	73
56	☐	不管下雨还是不下雨，都要去学校。 비가 오든지 안 오든지. 학교에 가야 해.	73
57	☐	是他告诉我的。 걔가 나한테 알려 줬지.	77
58	☐	他昨天告诉我今年不想去了。 걔가 어제 나한테 올해엔 가기 싫다고 그랬어.	77
59	☐	你说说这是什么意思。 (너) 이게 무슨 뜻인지 말해 봐.	77
60	☐	妈妈说我了。 엄마가 나를 야단치셨어.	77
61	☐	科长，我马上来。 과장님. 제가 얼른 갈게요.	83
62	☐	他马上来。 걔 곧 있으면 와.	83
63	☐	等我五分钟，我马上去。 나 5분(만) 기다려 줘. 얼른 갈게.	83

REVIEW&CHECK

103 ☐	她是我的汉语老师。 이분이 (나의) 중국어 선생님이야.	127
104 ☐	老师是杭州人。 선생님은 항저우 사람이야.	127
105 ☐	你知道防弹少年吗? 너 방탄소년단 알아?	131
106 ☐	你知道他是谁? 너 걔 누군지 알아?	131
107 ☐	你怎么不认识我了,我是你大学同学啊! 너 왜 나를 못 알아 봐. 나 네 대학 동창이잖아!	131
108 ☐	以前不认识他们,只知道他们的名字。 예전에는 걔네들 몰랐어. 이름만 알았지.	131
109 ☐	咱们还没吃饭。 우리 아직 밥을 안 먹었어.	135
110 ☐	咱们打车吧。 우리 택시 타자.	135
111 ☐	我们一起吃饭吧。 우리 같이 밥 먹자.	135
112 ☐	我们什么时候去? 우리 언제 가?	135
113 ☐	这件衣服很暖和。 이 옷은 따뜻해.	139
114 ☐	昆明一年四季都很暖和。 쿤밍은 일년 내내 따뜻해.	139
115 ☐	这是一本暖心的小说。 이건 마음이 따뜻해지는 소설책이야.	139

155 ☐	店里顾客很少。 가게에 손님이 많이 없어.	183
156 ☐	不好意思，顾客很多，让您久等了。 죄송합니다. 손님이 많아서 오래 기다리셨죠.	183
157 ☐	他虽然学习很努力，但是成绩一直不怎么样。 걔는 공부를 열심히 하지만. 성적은 계속 부진했어.	187
158 ☐	虽然我不会说汉语，但是很想去。 나는 중국어를 할 줄 모르지만. 정말 가고 싶어.	187
159 ☐	不过比以前好多了。 근데 예전보다 많이 좋아졌어.	187
160 ☐	他学习很努力，不过成绩不好。 걔는 공부를 열심히 하는데. 성적이 안 좋아.	187
161 ☐	帮我预订一张机票。 비행기표 한 장 예매해 줘.	193
162 ☐	请帮我预订一个餐厅吧。 식당 좀 예약해 줘.	193
163 ☐	按预定时间进行。 예정대로 진행해요.	193
164 ☐	婚礼按预定计划进行。 결혼식은 계획대로 진행해요.	193
165 ☐	不好意思，我实在不能喝酒。 죄송합니다. 제가 술을 정말 못 마셔요.	197
166 ☐	我的男朋友很实在。 내 남자 친구는 매우 성실해.	197
167 ☐	他确实不能喝啤酒。 걔는 진짜 맥주를 못 마셔요.	197

181 ☐	我们参观了北京大学。 우리는 북경대학교를 구경했어.	215
182 ☐	我带你参观一下博物馆吧。 내가 (너를 데리고 가서) 박물관 구경시켜 줄게.	215
183 ☐	什么时候访问北京大学的？ 언제 북경대학교 간 거야?	215
184 ☐	中国主席访问韩国。 중국 주석이 방한해요.	215
185 ☐	回家时顺便帮我买杯美式咖啡。 집에 오는 김에 아메리카노 한 잔 사다 줘.	219
186 ☐	你回家时顺便帮我买点酒。 (네가) 집에 가는 김에 술 좀 사서 와 줘.	219
187 ☐	我家也在东边，正好顺路送你回家。 우리 집도 동쪽에 있어. 마침 가는 길이니까 널 바래다줄게.	219
188 ☐	我走这条路顺路，那条路不顺路。 이 길은 가는 길인데. 저 길은 가는 길이 아니야.	219
189 ☐	我特意带孩子去上海看爷爷奶奶。 (내가) 일부러 아이를 데리고 할머니, 할아버지를 뵈러 상해에 갔어.	223
190 ☐	我特意为你点了不辣的。 내가 특별히 너를 위해서 안 매운 걸로 주문했어.	223
191 ☐	我故意不给他打电话。 (내가) 일부러 걔한테 전화 안 했어.	223
192 ☐	你是故意说出来的吧。 네가 일부러 얘기한 거지.	223
193 ☐	前面说的我没听懂。 앞 부분에 말한 거 (나는) 못 알아들었어.	227

MEMO

MEMO

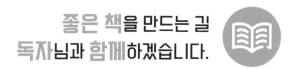
좋은 책을 만드는 길
독자님과 함께하겠습니다.

일상생활 속 가장 많이 헷갈리는 중국어 유의어

초 판 발 행	2023년 01월 05일(인쇄 2022년 10월 20일)
발 행 인	박영일
책 임 편 집	이해욱
저 자	진 영
기 획 편 집	심영미 · 최재미
표지디자인	이미애
편집디자인	임아람 · 박서희
발 행 처	시대인
공 급 처	(주)시대고시기획
출 판 등 록	제 10-1521호
주 소	서울시 마포구 큰우물로 75 [도화동 538 성지 B/D] 9F
전 화	1600-3600
팩 스	02-701-8823
홈 페 이 지	www.sdedu.co.kr
I S B N	979-11-383-3556-0(13720)
정 가	17,000원

※ 이 책은 저작권법의 보호를 받는 저작물이므로 동영상 제작 및 무단전재와 배포를 금합니다.
※ 잘못된 책은 구입하신 서점에서 바꾸어 드립니다.